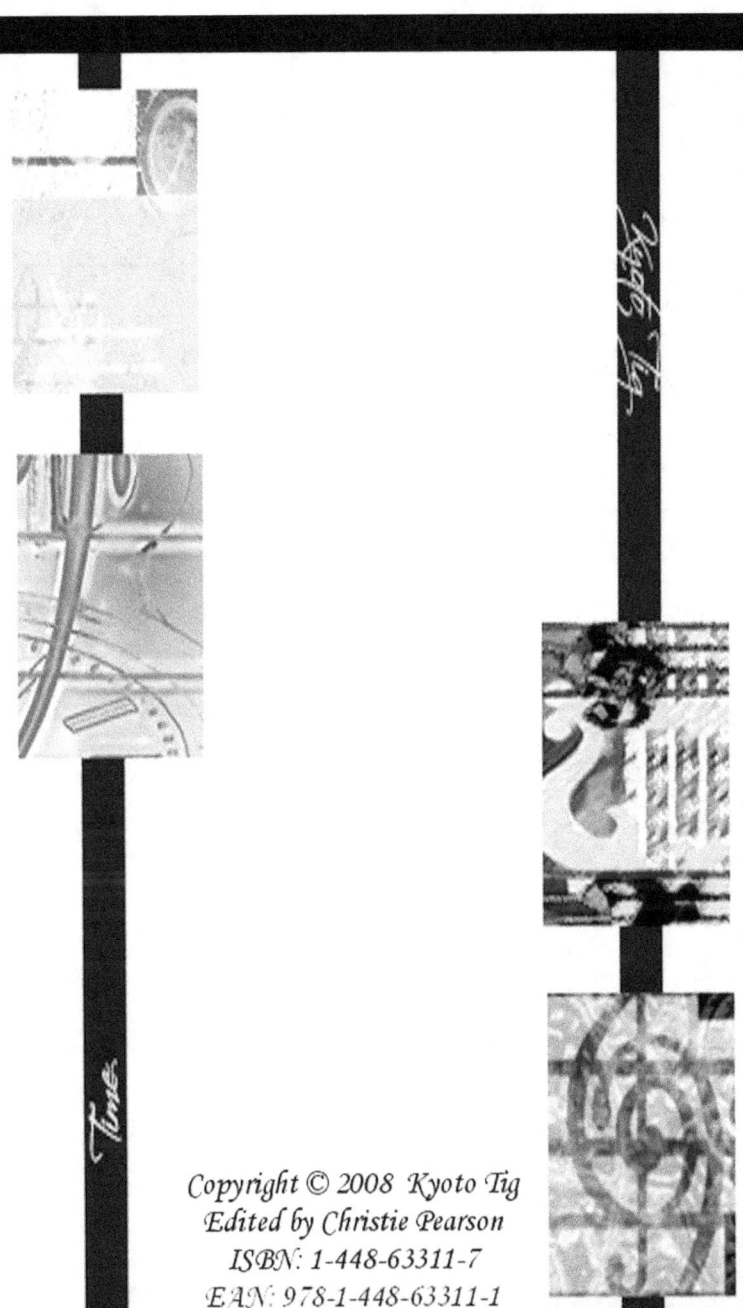

Sunday	Monday	Tuesday	Wednesday

Thursday	Friday	Saturday	Notes

Sunday	Monday	Tuesday	Wednesday

Thursday	Friday	Saturday	Notes

Sunday	Monday	Tuesday	Wednesday

Thursday	Friday	Saturday	Notes

Sunday	Monday	Tuesday	Wednesday

Thursday	Friday	Saturday	Notes

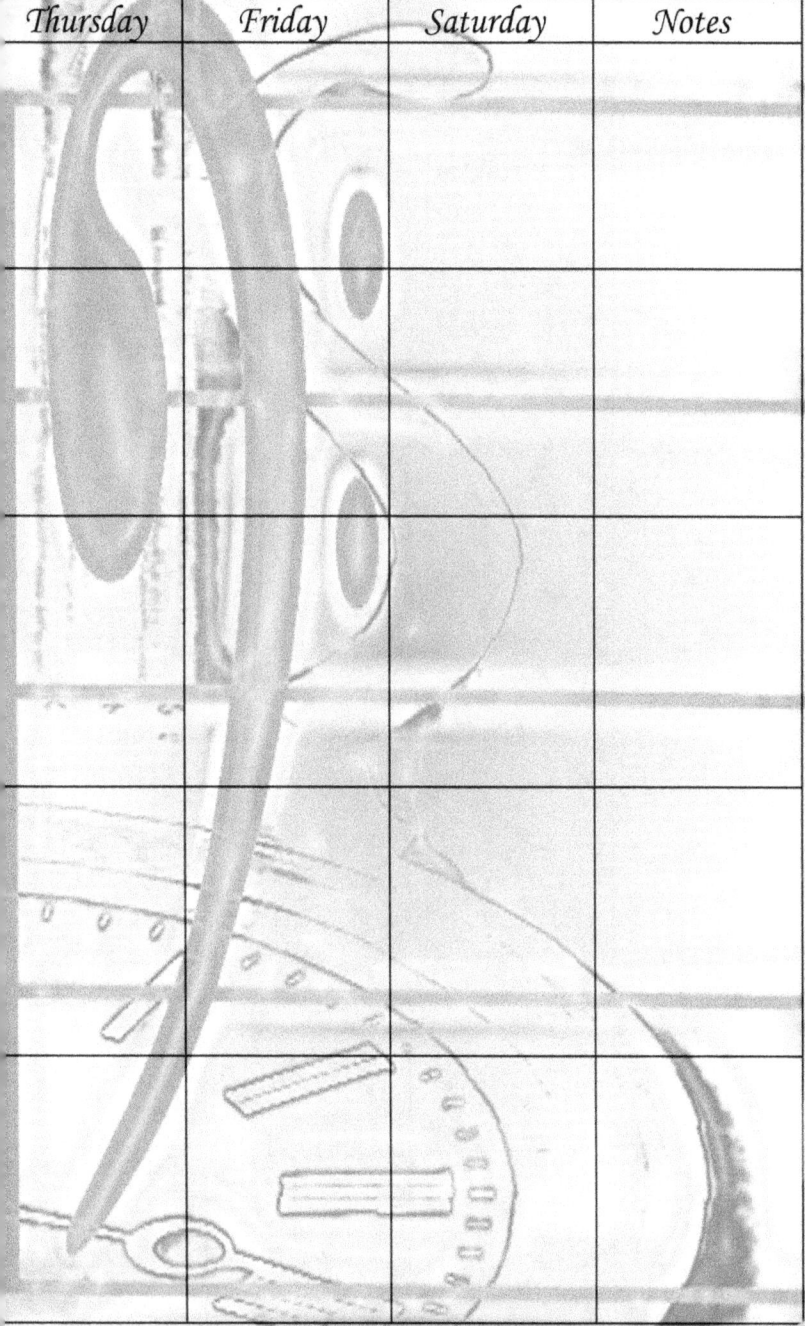

Sunday	Monday	Tuesday	Wednesday

Thursday	Friday	Saturday	Notes

Sunday	Monday	Tuesday	Wednesday

Thursday	Friday	Saturday	Notes

Sunday	Monday	Tuesday	Wednesday

Thursday	Friday	Saturday	Notes

Sunday	Monday	Tuesday	Wednesday

Thursday	Friday	Saturday	Notes

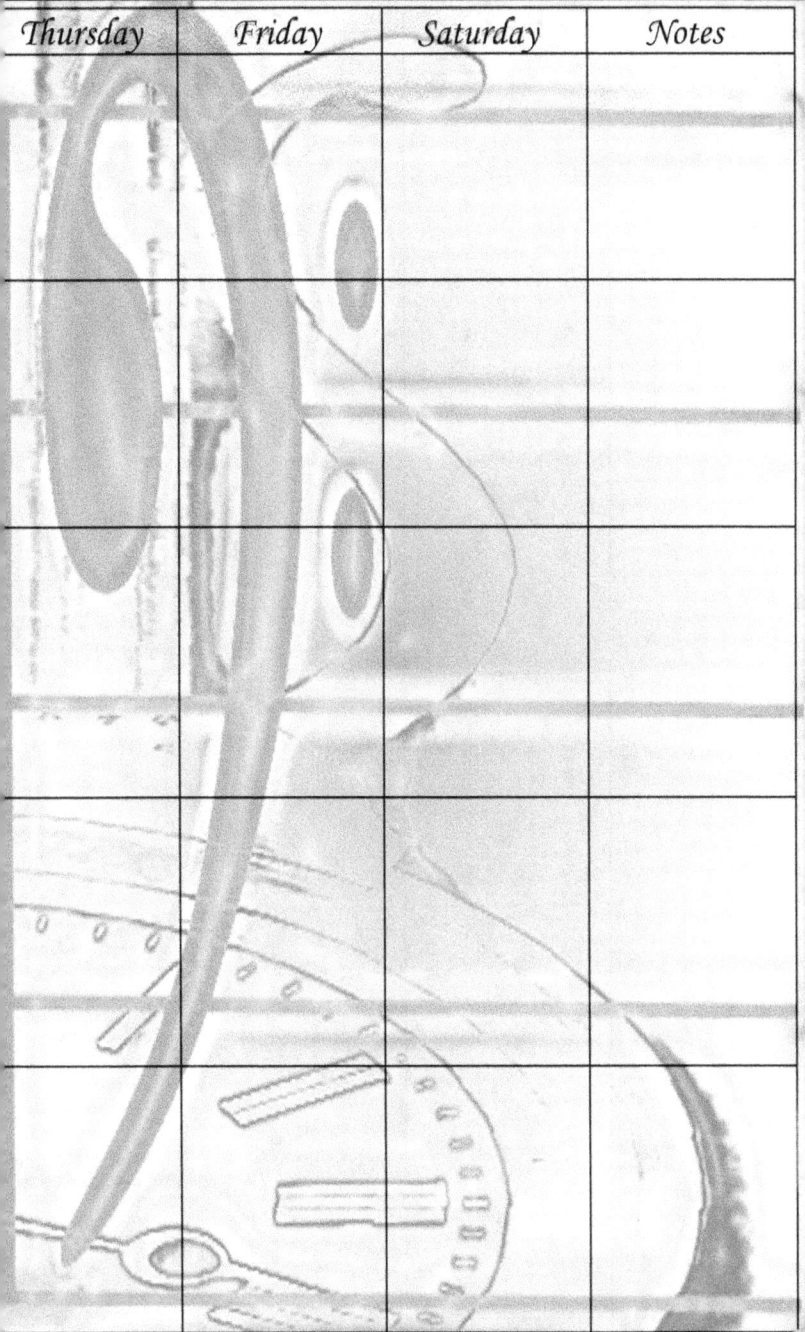

Sunday	Monday	Tuesday	Wednesday

Thursday	Friday	Saturday	Notes

Sunday	Monday	Tuesday	Wednesday

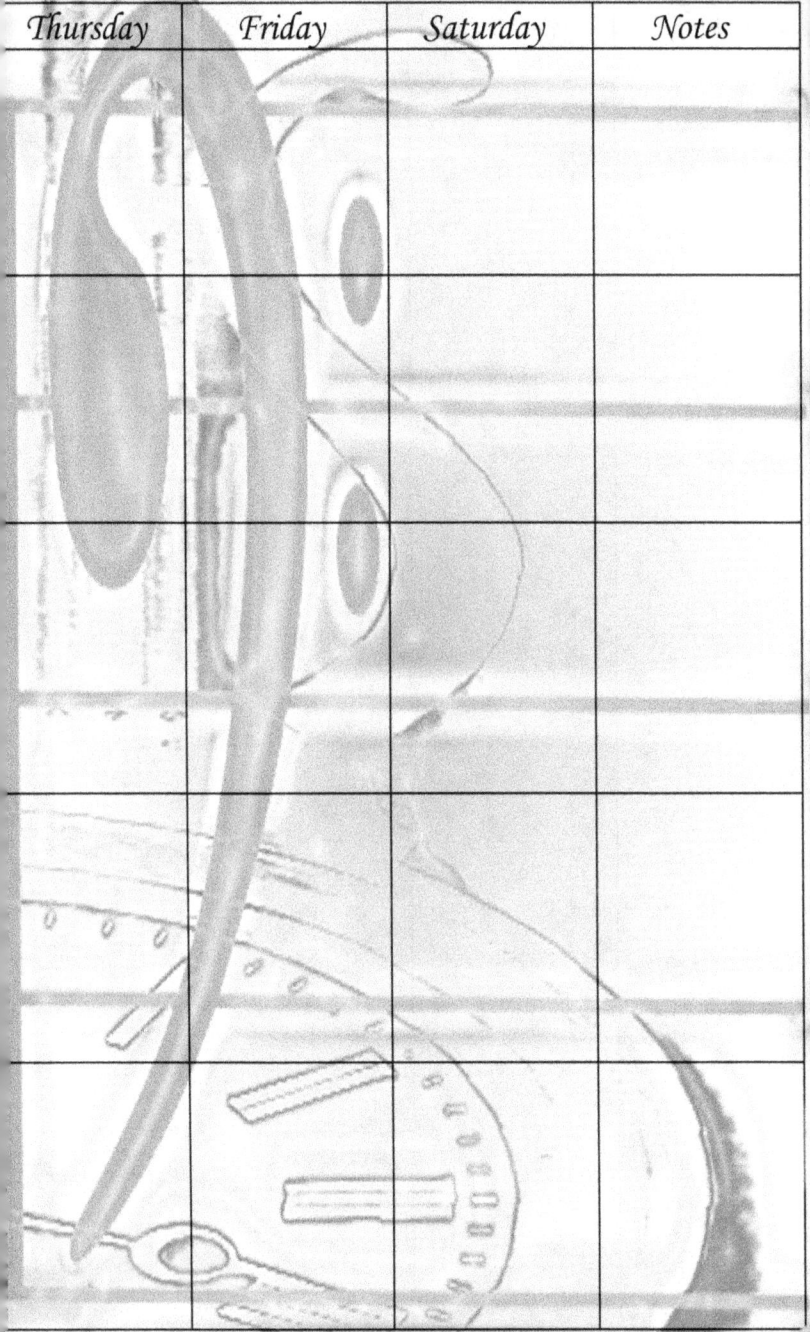

Thursday	Friday	Saturday	Notes

Sunday	Monday	Tuesday	Wednesday

Thursday	Friday	Saturday	Notes

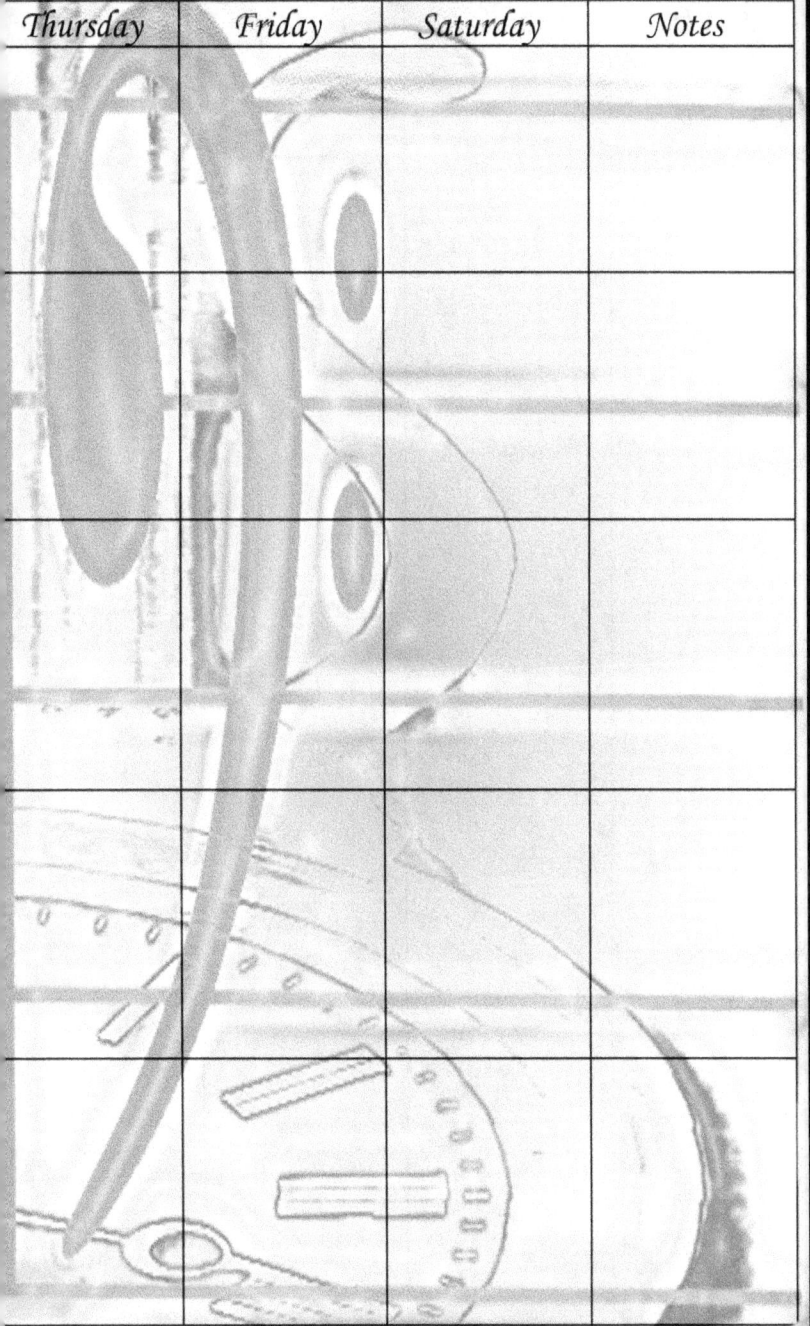

Sunday	Monday	Tuesday	Wednesday

Thursday	Friday	Saturday	Notes

Name_____

Address_____

Phone1_____ Phone2_____

Email_____

Name_____

Address_____

Phone1_____ Phone2_____

Email_____

Name_____

Address_____

Phone1_____ Phone2_____

Email_____

Name_____

Address_____

Phone1_____ Phone2_____

Email_____

Name_____

Address_____

Phone1_____ Phone2_____

Email_____

Name_____

Address_____

Phone1_____ Phone2_____

Email_____

Name_____

Address_____

Phone1_____ Phone2_____

Email_____

Name_____

Address_____

Phone1_____ Phone2_____

Email_____

Name_____

Address_____

Phone1_____ Phone2_____

Email_____

Name_____

Address_____

Phone1_____ Phone2_____

Email_____

Name_____
Address_____
Phone1_____ Phone2_____
Email_____

Name_____
Address_____
Phone1_____ Phone2_____
Email_____

Name_____
Address_____
Phone1_____ Phone2_____
Email_____

Name_____
Address_____
Phone1_____ Phone2_____
Email_____

Name_____
Address_____
Phone1_____ Phone2_____
Email_____

Name_____

Address_____

Phone 1_____ Phone 2_____

Email_____

Name_____

Address_____

Phone 1_____ Phone 2_____

Email_____

Name_____

Address_____

Phone 1_____ Phone 2_____

Email_____

Name_____

Address_____

Phone 1_____ Phone 2_____

Email_____

Name_____

Address_____

Phone 1_____ Phone 2_____

Email_____

Name_____

Address_____

Phone1_____ Phone2_____

Email_____

Name_____

Address_____

Phone1_____ Phone2_____

Email_____

Name_____

Address_____

Phone1_____ Phone2_____

Email_____

Name_____

Address_____

Phone1_____ Phone2_____

Email_____

Name_____

Address_____

Phone1_____ Phone2_____

Email_____

Name_____

Address_____

Phone1_____ Phone2_____

Email_____

Name_____

Address_____

Phone1_____ Phone2_____

Email_____

Name_____

Address_____

Phone1_____ Phone2_____

Email_____

Name_____

Address_____

Phone1_____ Phone2_____

Email_____

Name_____

Address_____

Phone1_____ Phone2_____

Email_____

Name_____

Address_____

Phone1_____ Phone2_____

Email_____

Name_____

Address_____

Phone1_____ Phone2_____

Email_____

Name_____

Address_____

Phone1_____ Phone2_____

Email_____

Name_____

Address_____

Phone1_____ Phone2_____

Email_____

Name_____

Address_____

Phone1_____ Phone2_____

Email_____

Name_____

Address_____

Phone1_____ Phone2_____

Email_____

Name_____

Address_____

Phone1_____ Phone2_____

Email_____

Name_____

Address_____

Phone1_____ Phone2_____

Email_____

Name_____

Address_____

Phone1_____ Phone2_____

Email_____

Name_____

Address_____

Phone1_____ Phone2_____

Email_____

Name_____

Address_____

Phone1_____ Phone2_____

Email_____

Name_____

Address_____

Phone1_____ Phone2_____

Email_____

Name_____

Address_____

Phone1_____ Phone2_____

Email_____

Name_____

Address_____

Phone1_____ Phone2_____

Email_____

Name_____

Address_____

Phone1_____ Phone2_____

Email_____

Name_____

Address_____

Phone1_____ Phone2_____

Email_____

Name_____

Address_____

Phone1_____ Phone2_____

Email_____

Name_____

Address_____

Phone1_____ Phone2_____

Email_____

Name_____

Address_____

Phone1_____ Phone2_____

Email_____

Name_____

Address_____

Phone1_____ Phone2_____

Email_____

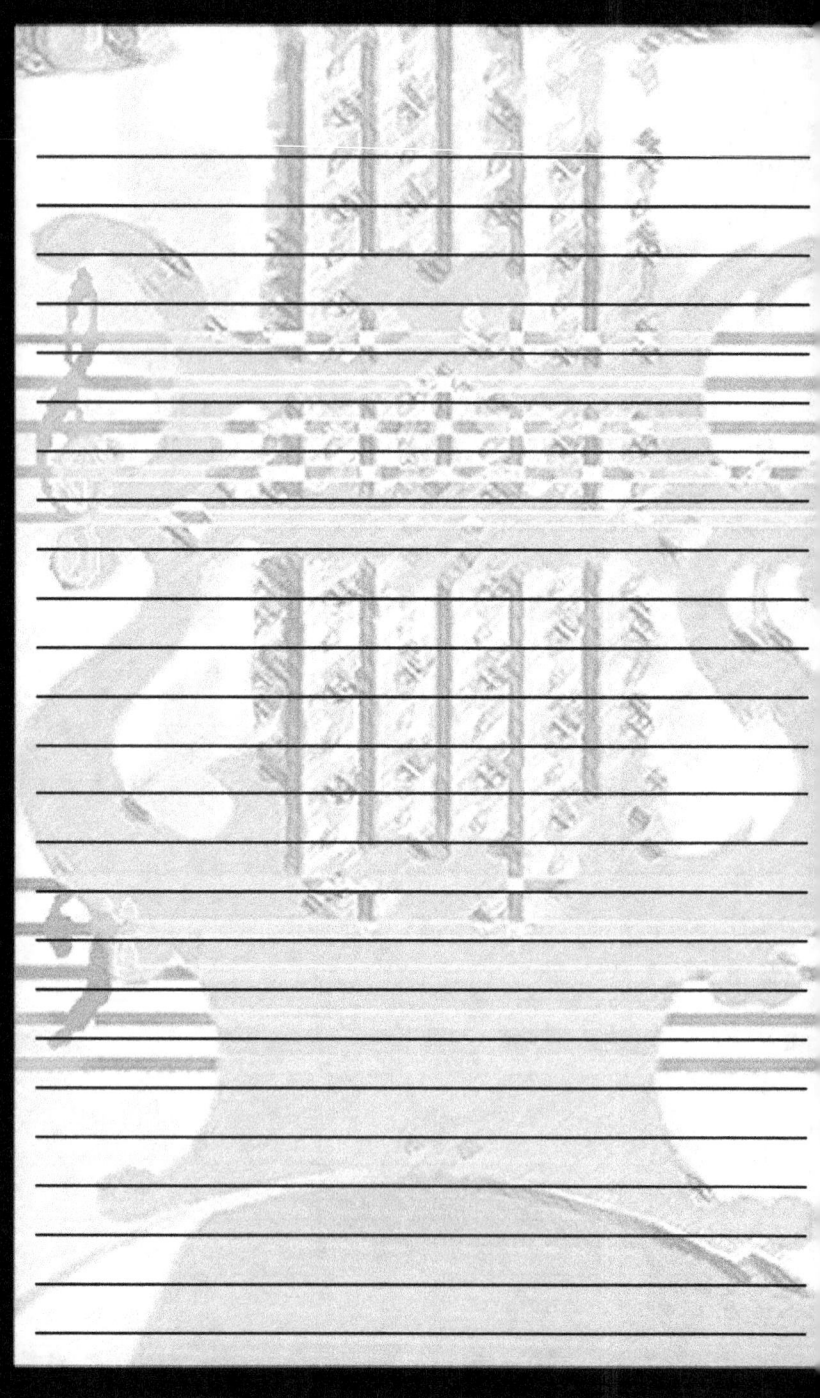

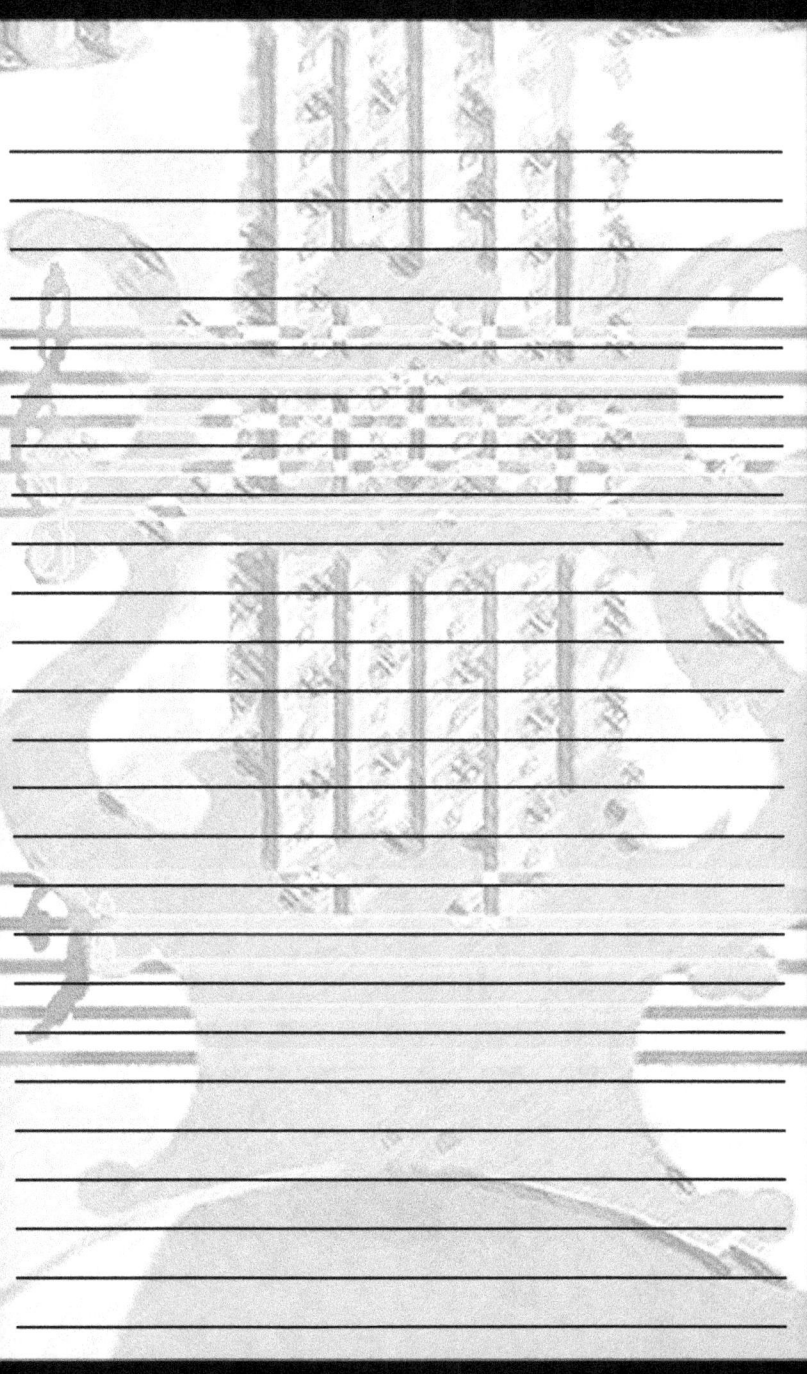

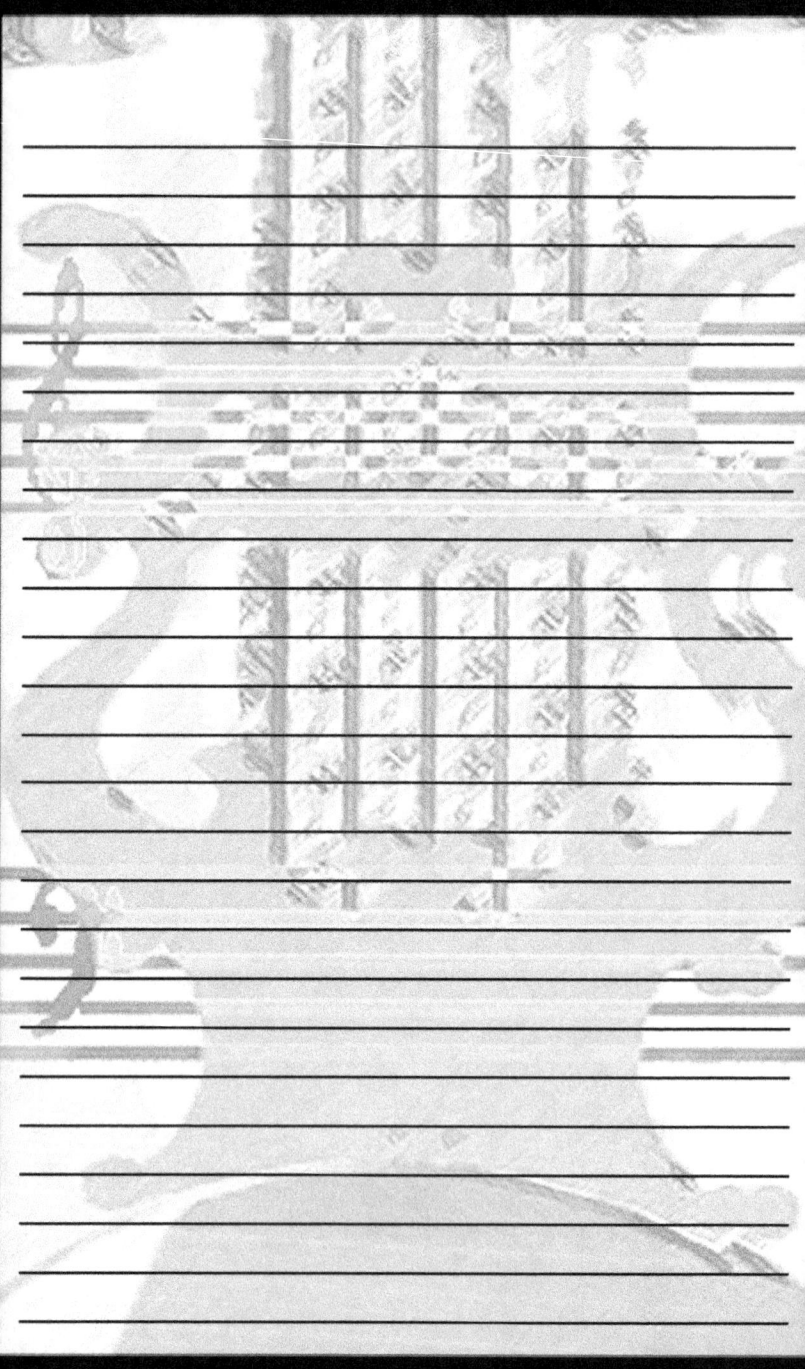

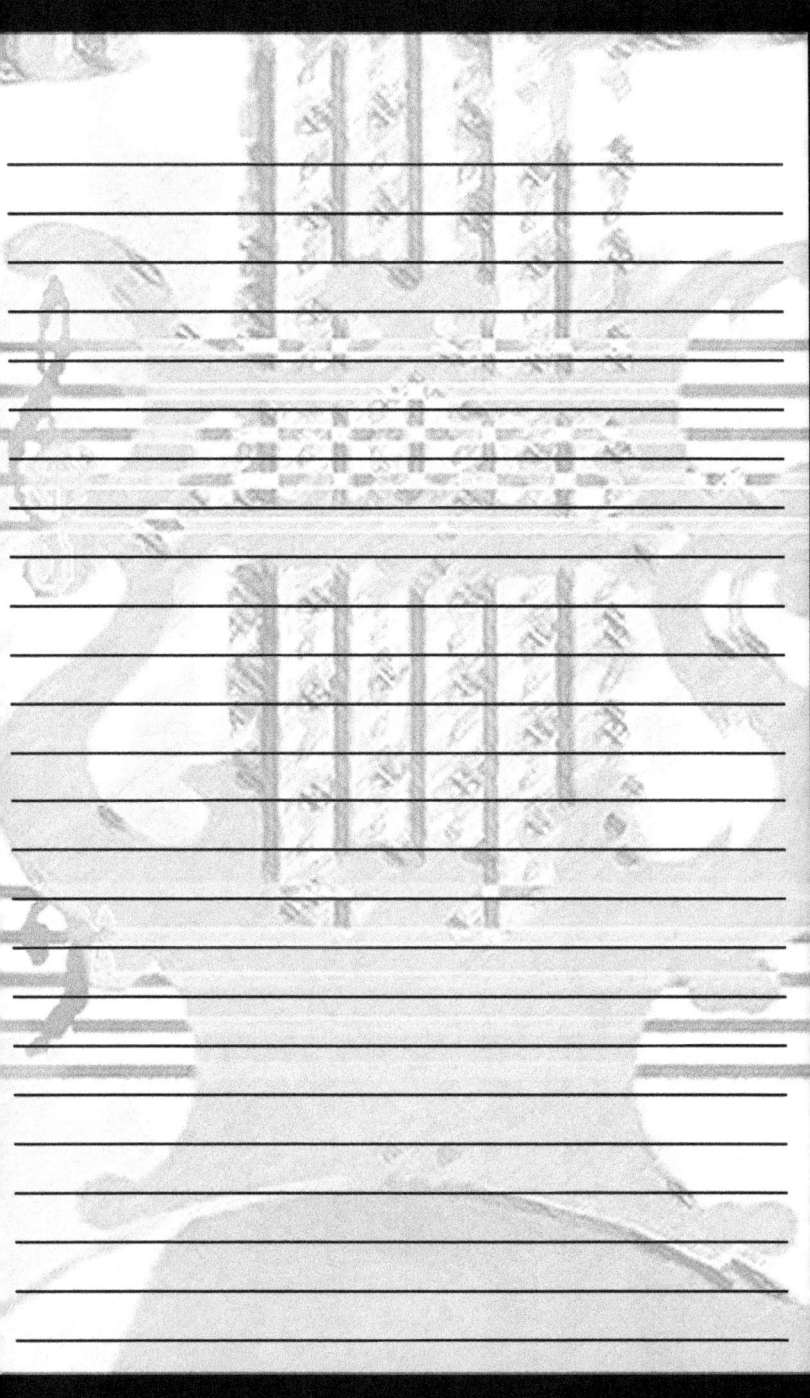

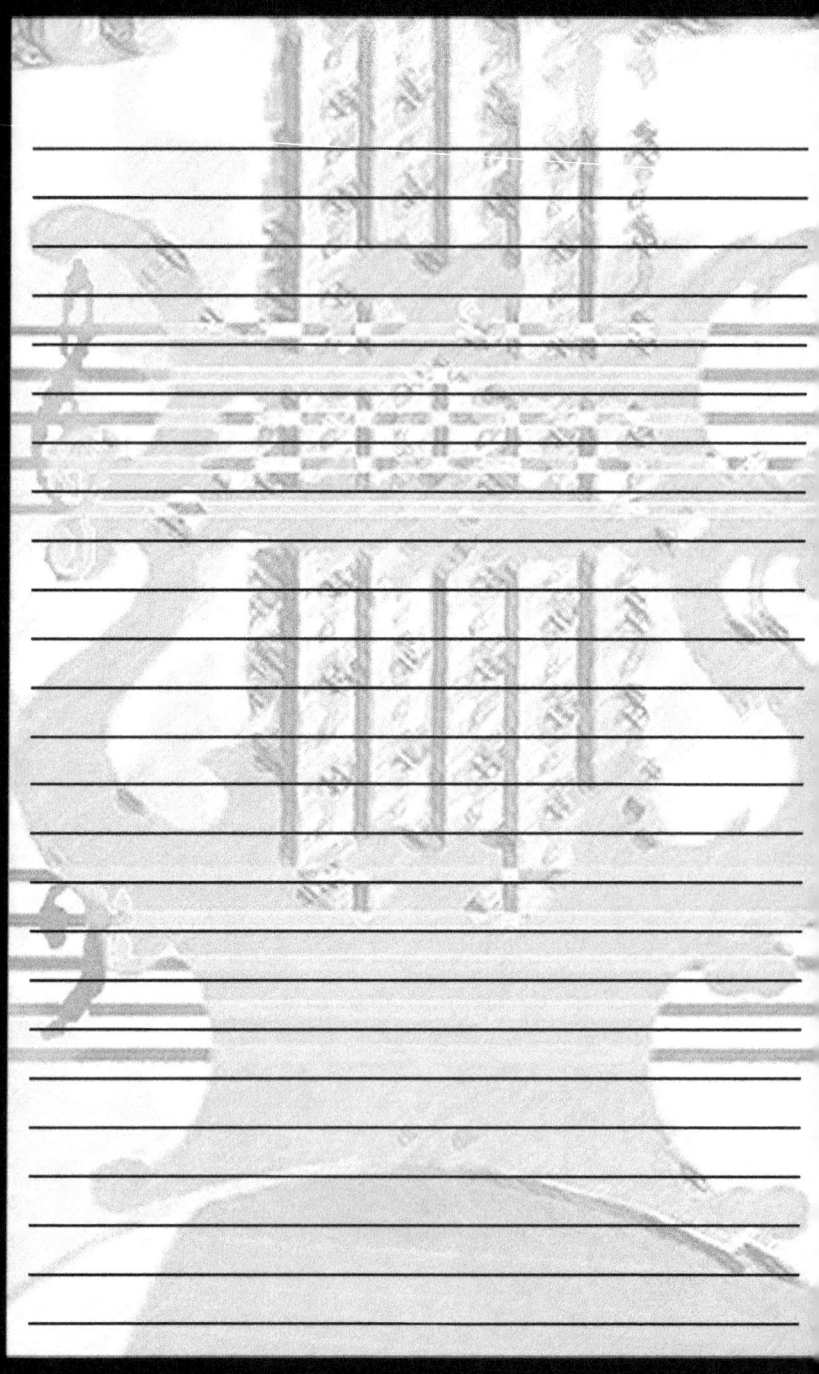

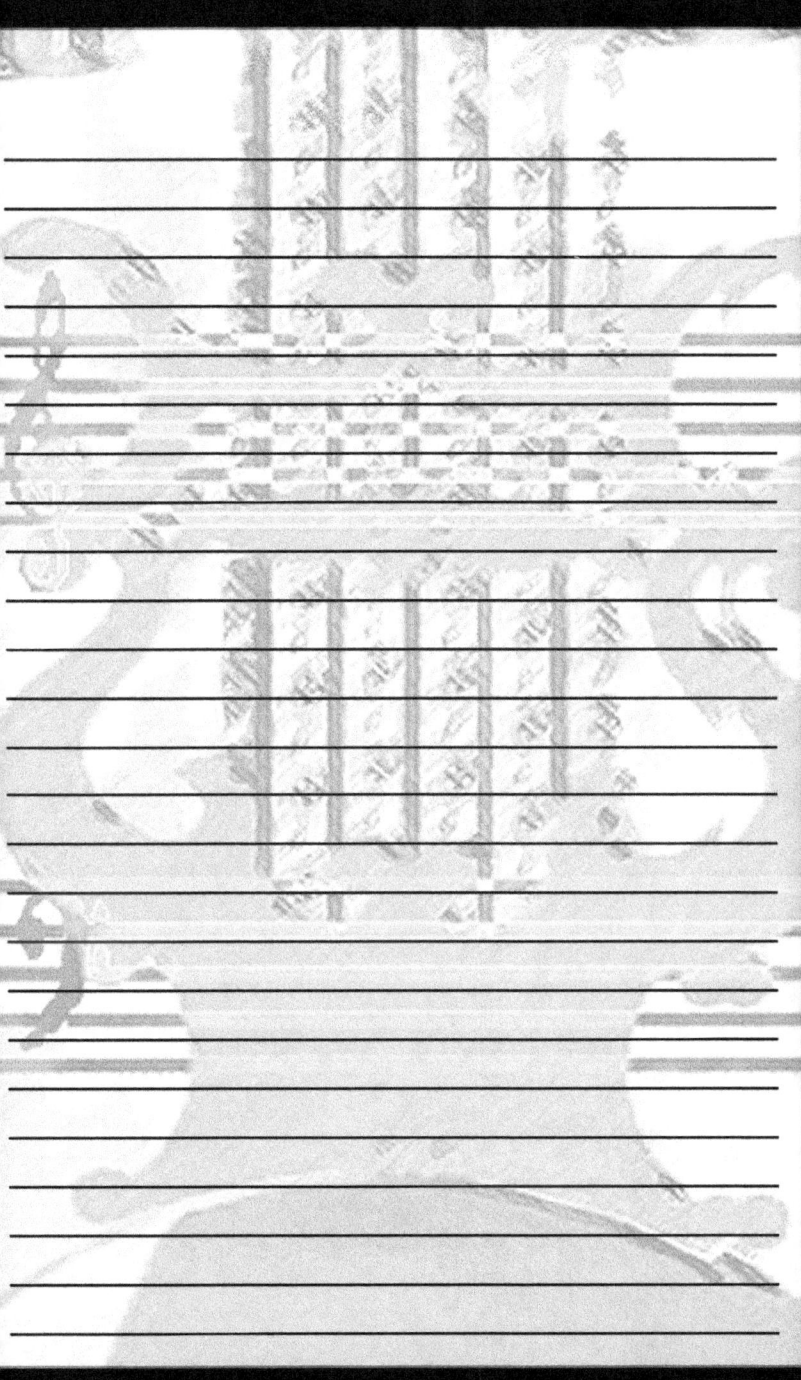

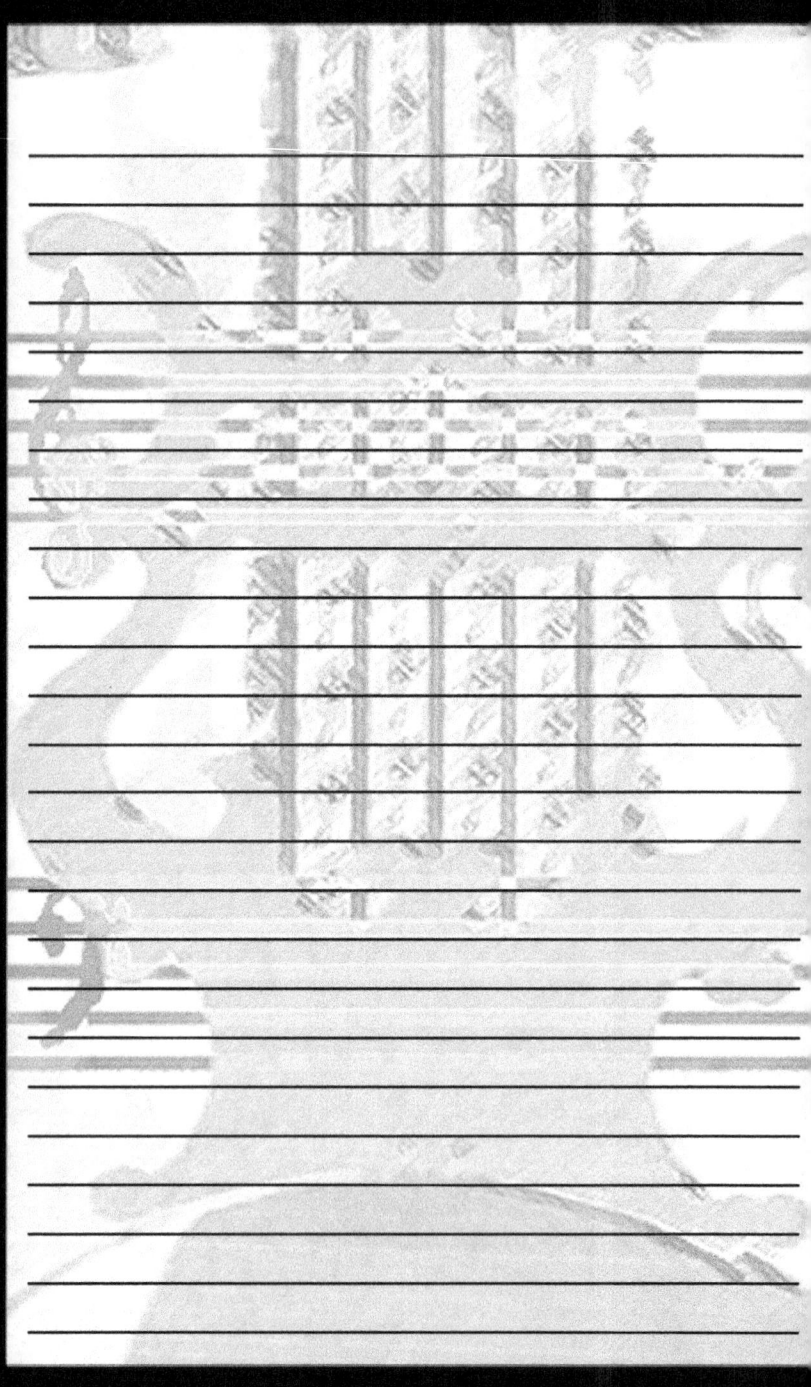

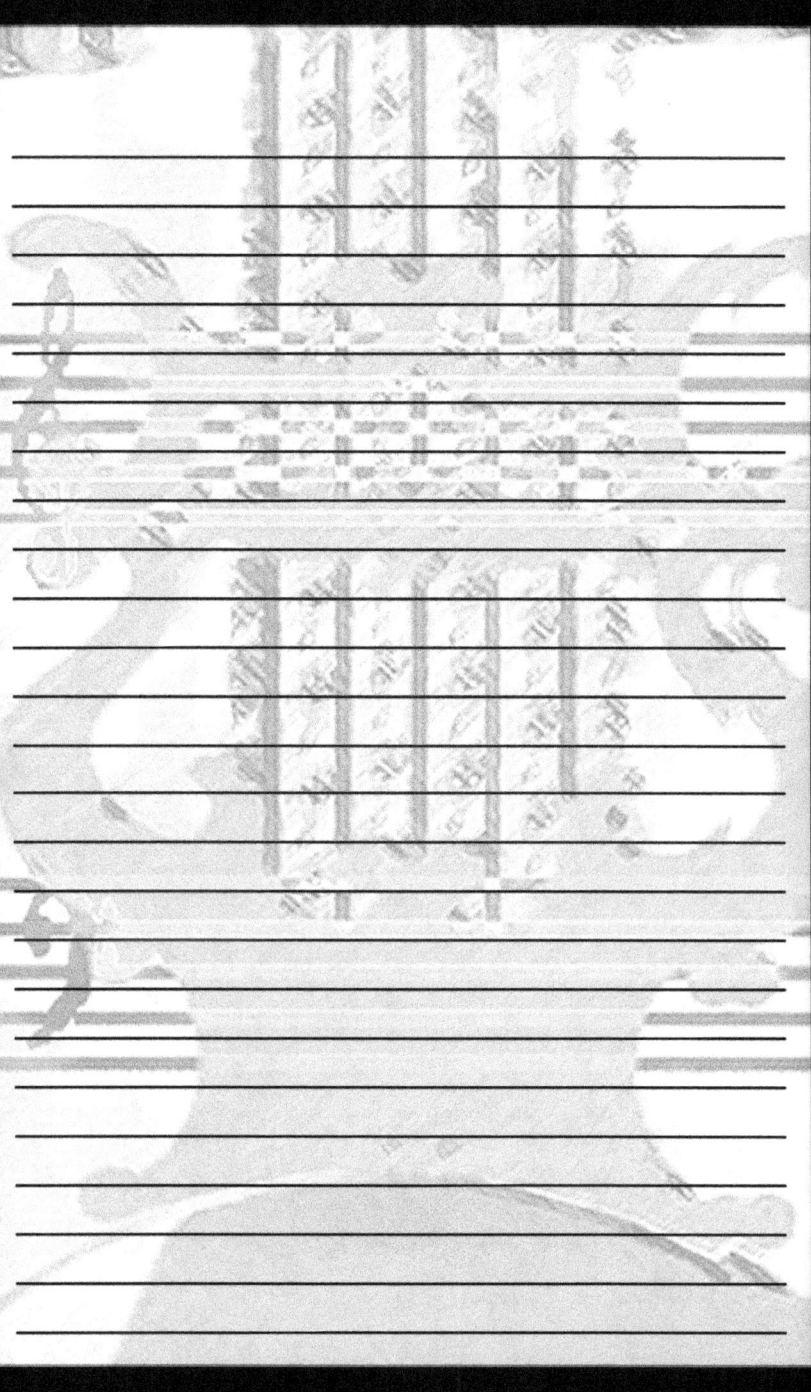

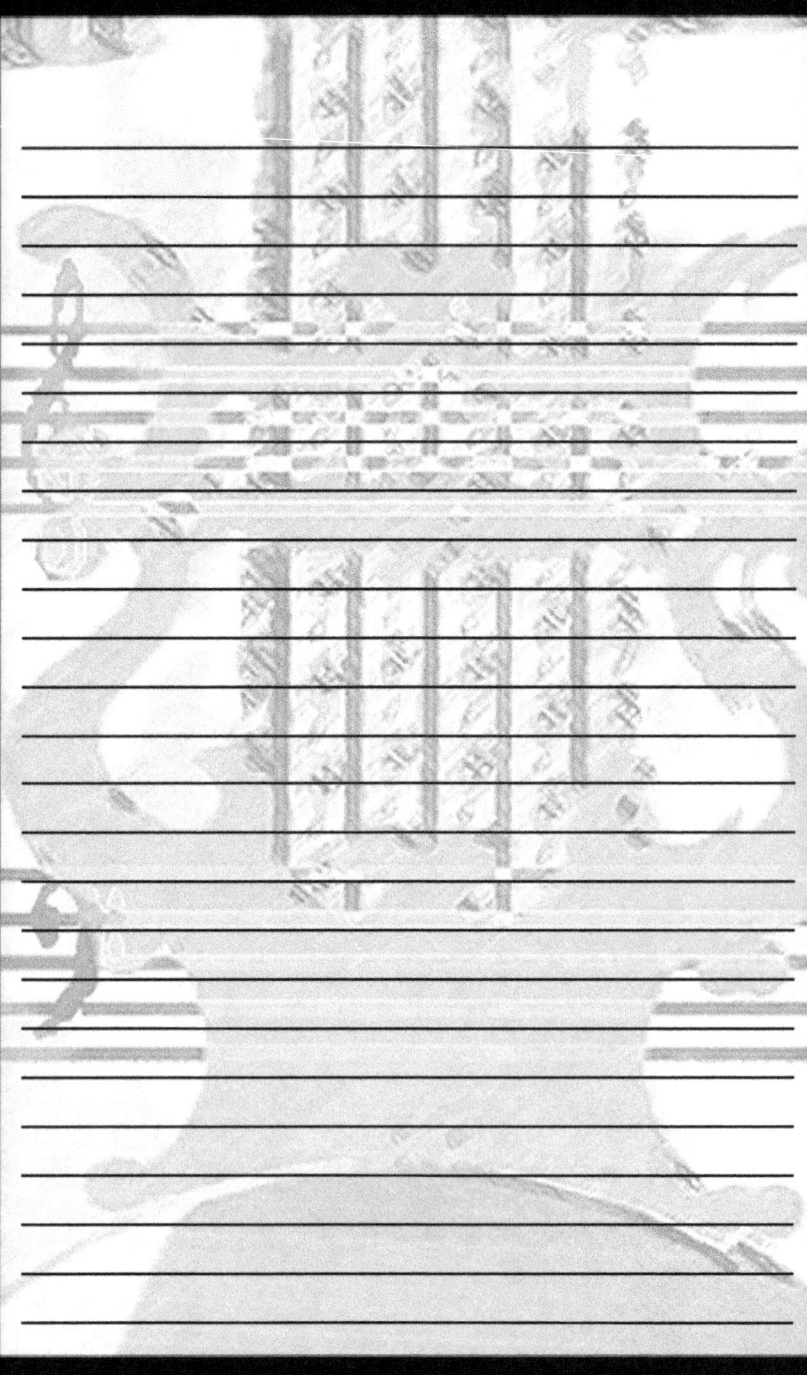

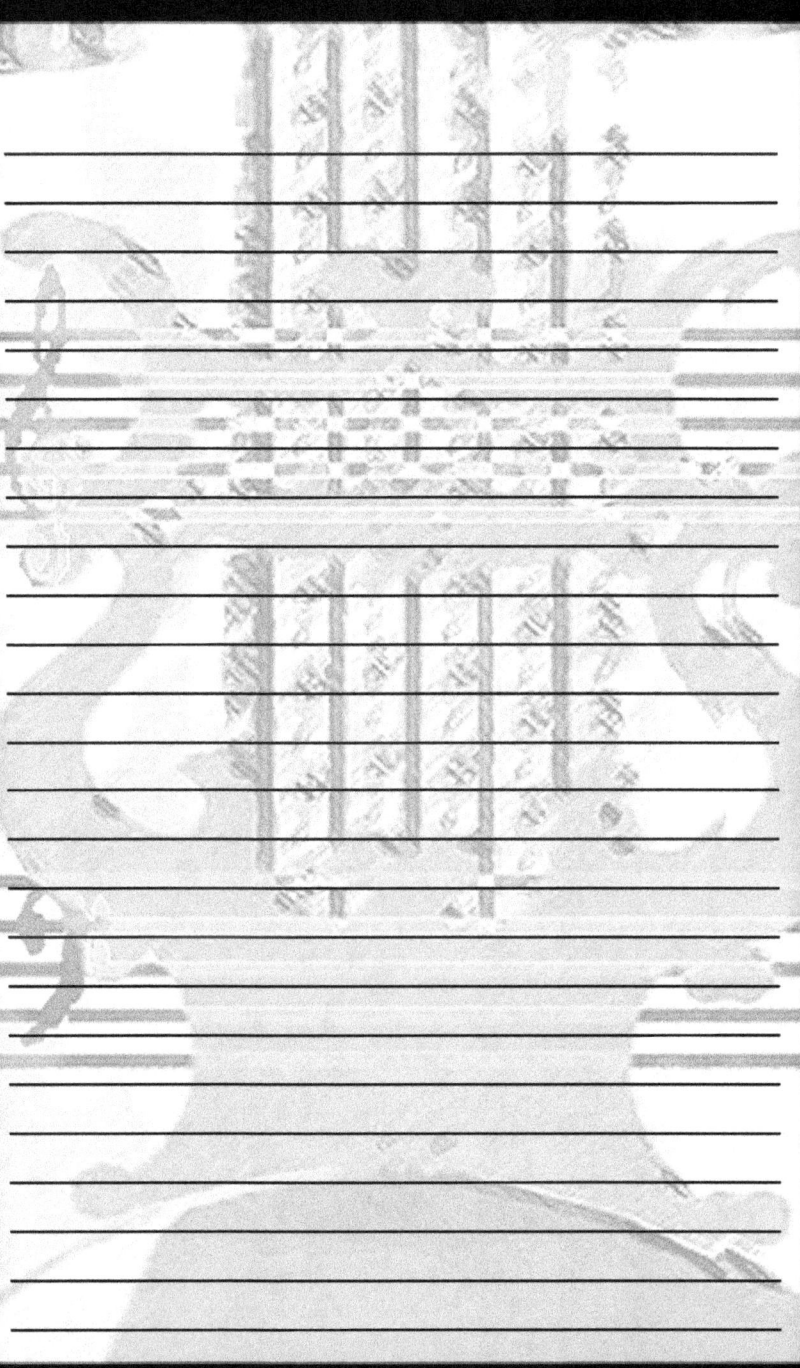

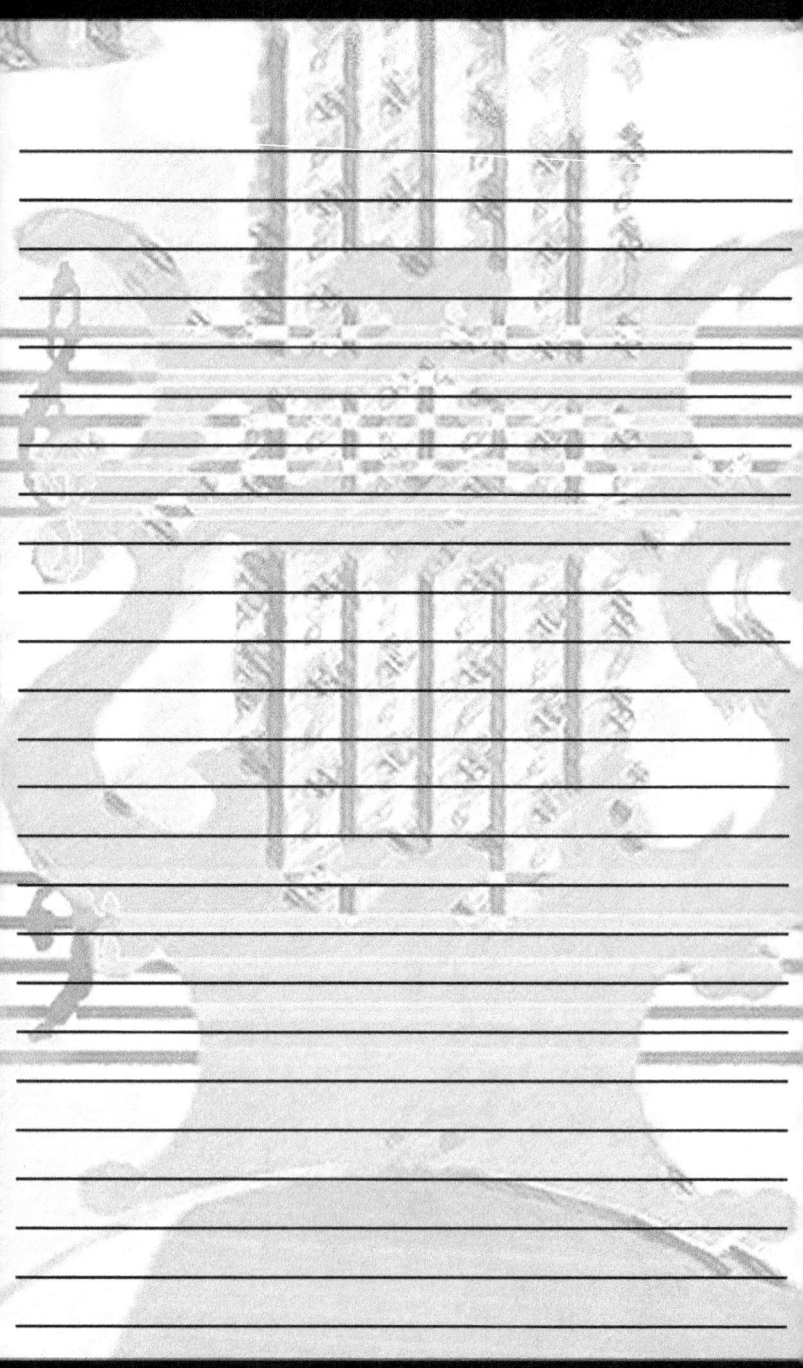

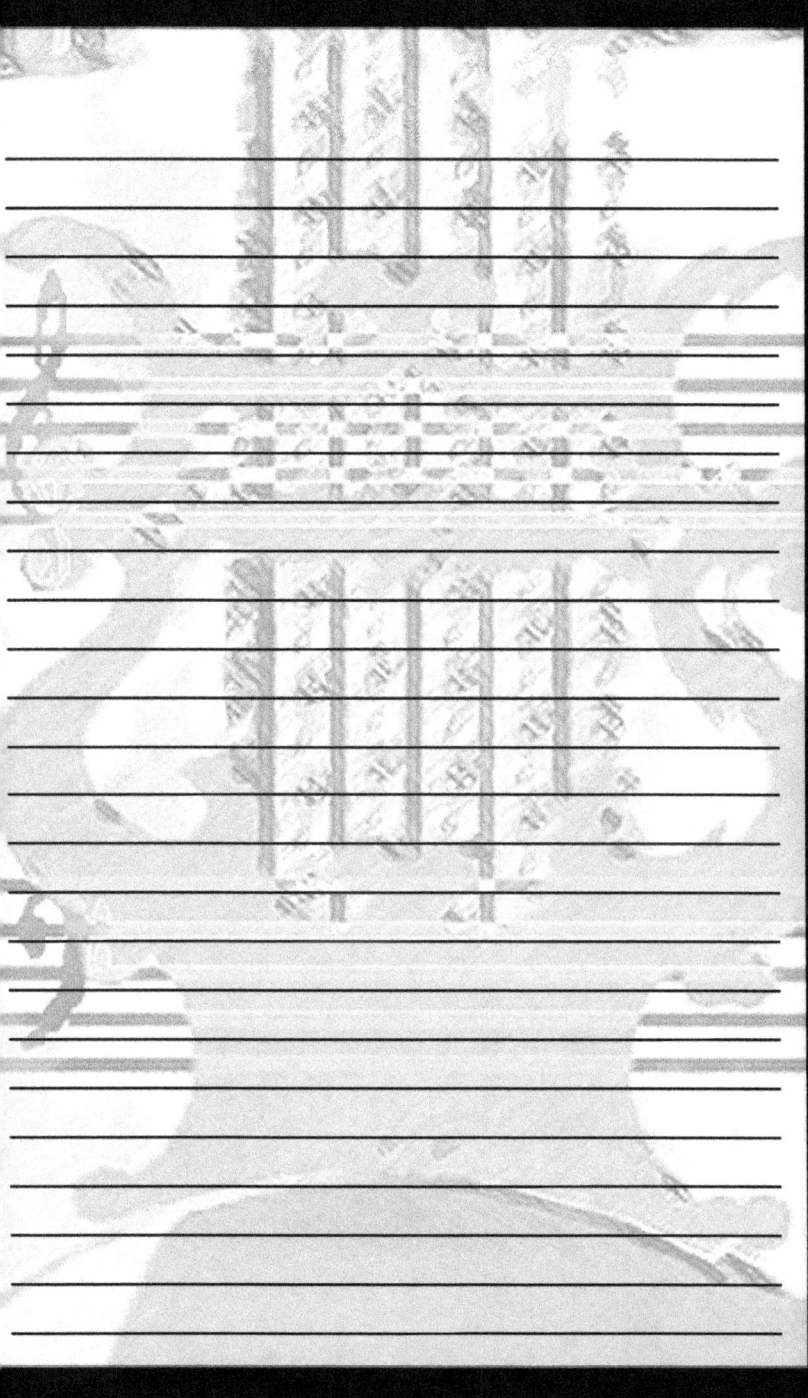

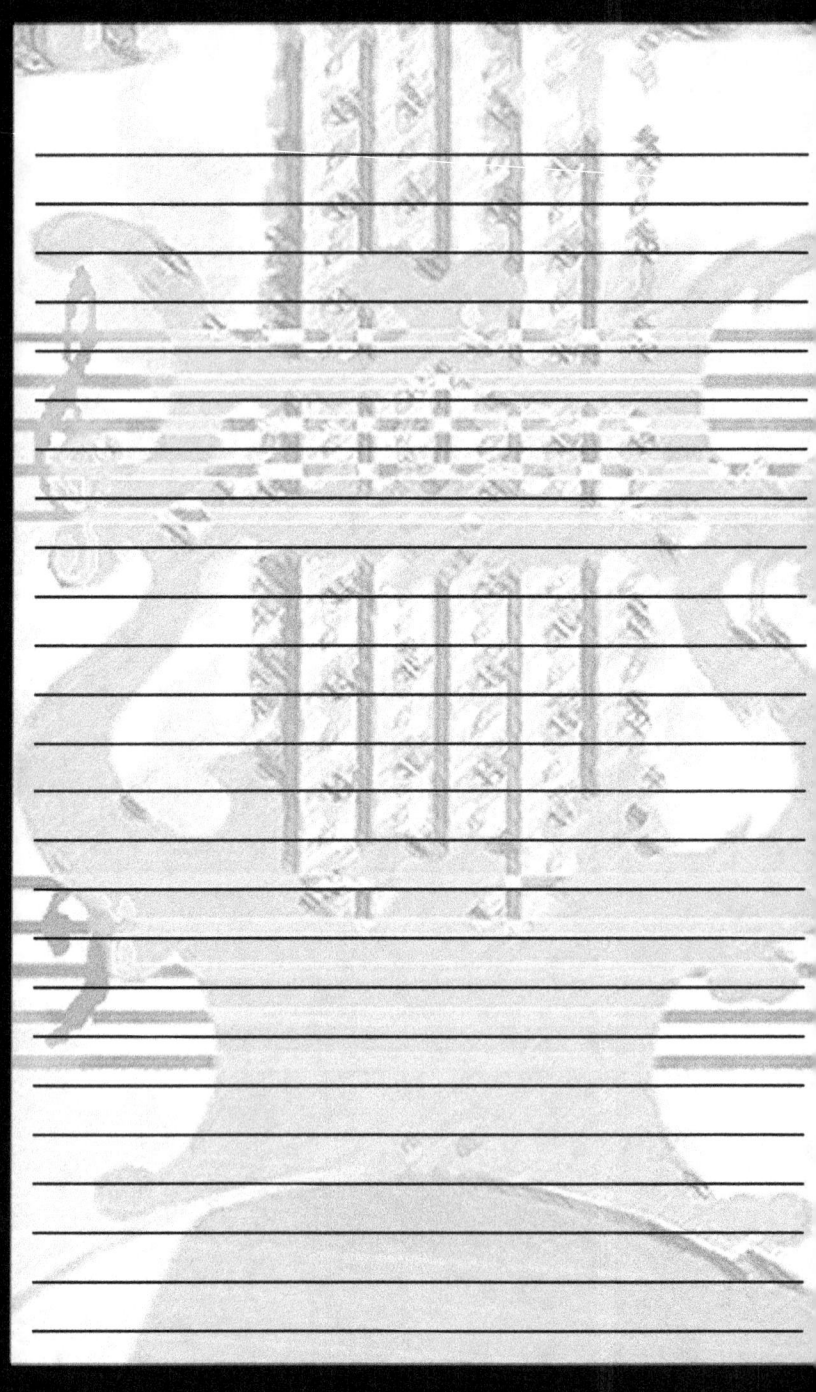

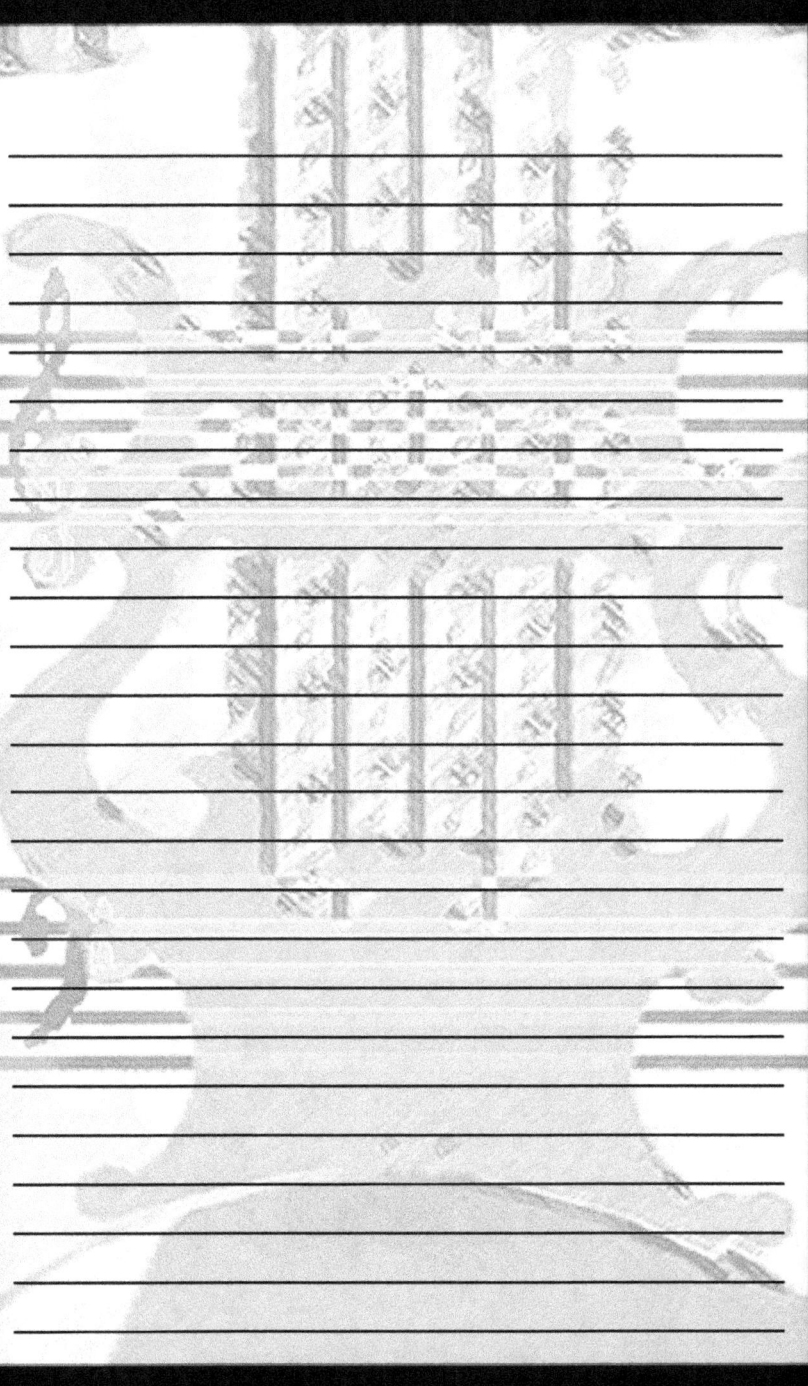

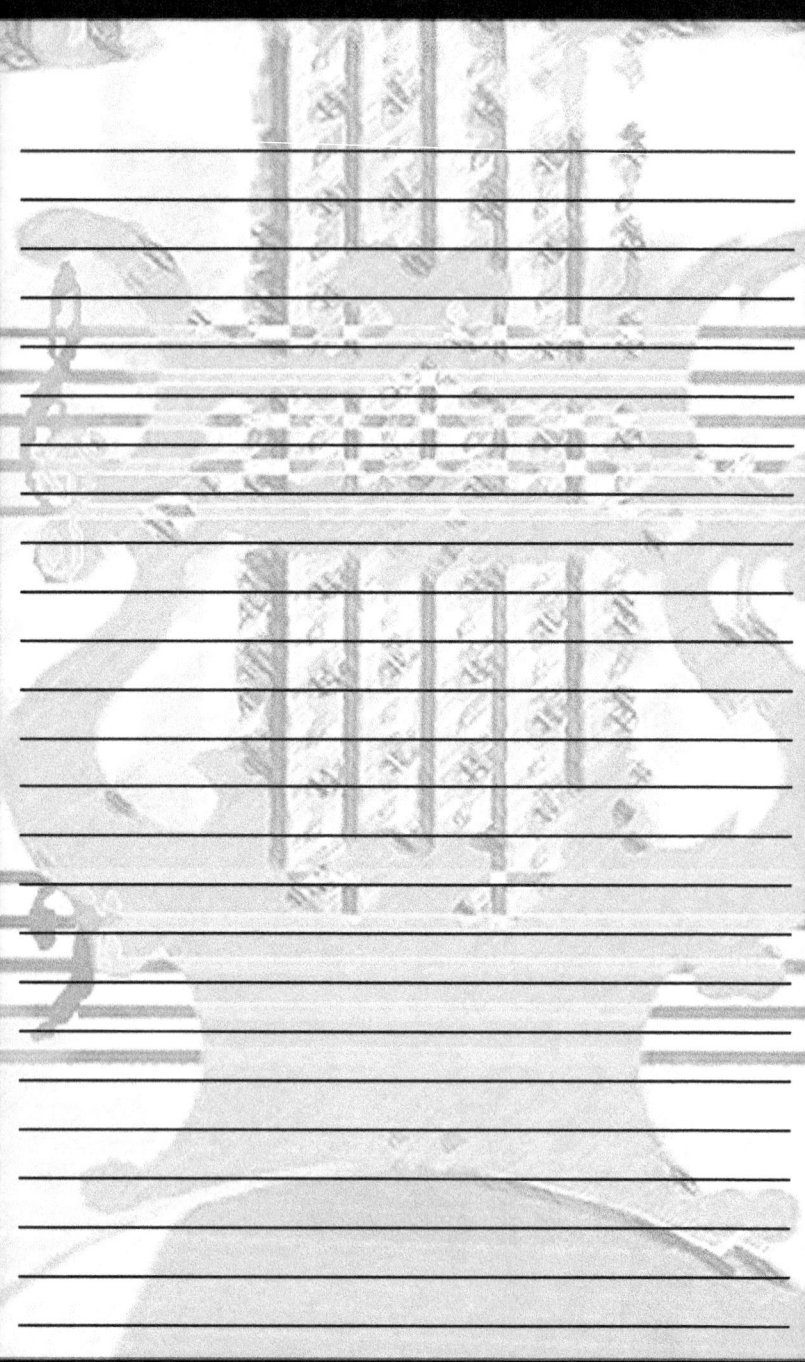

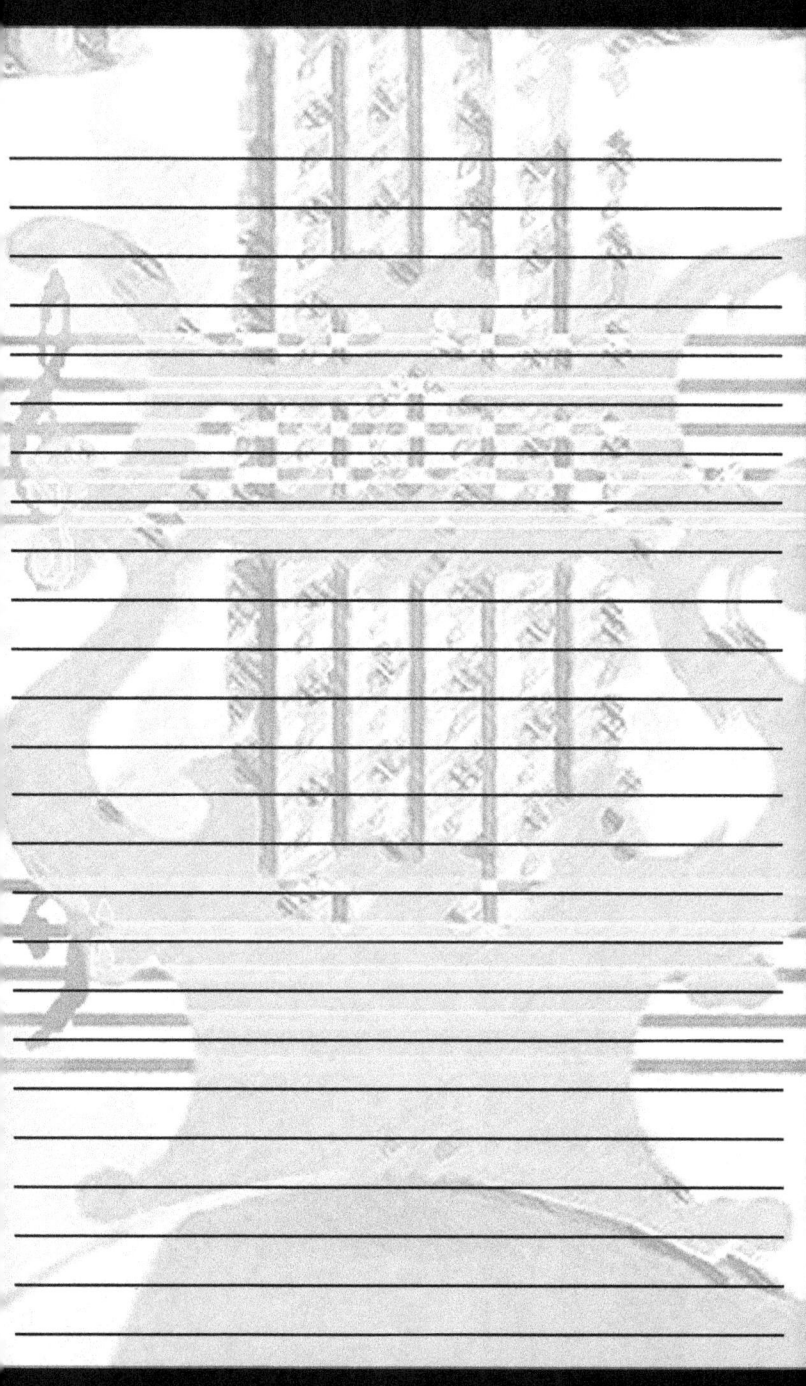

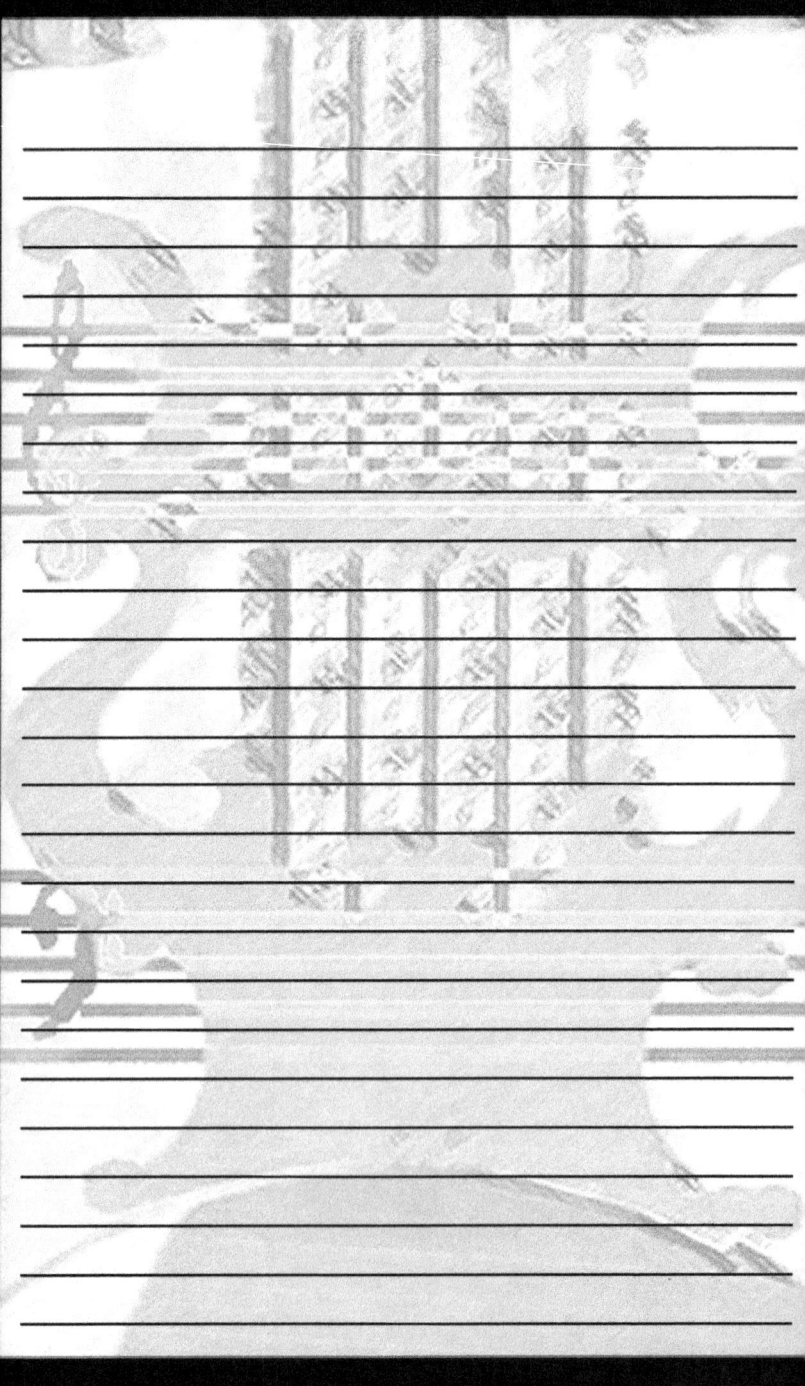

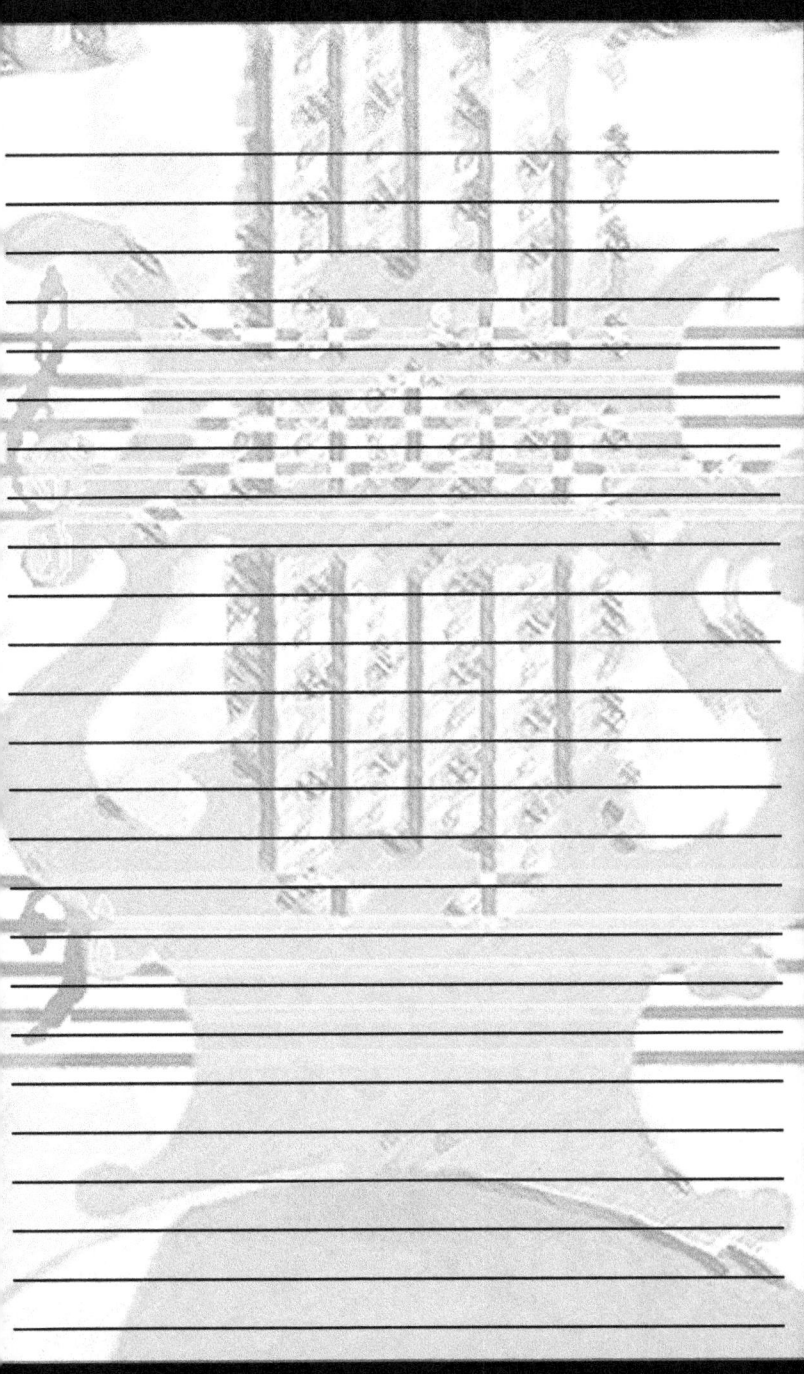

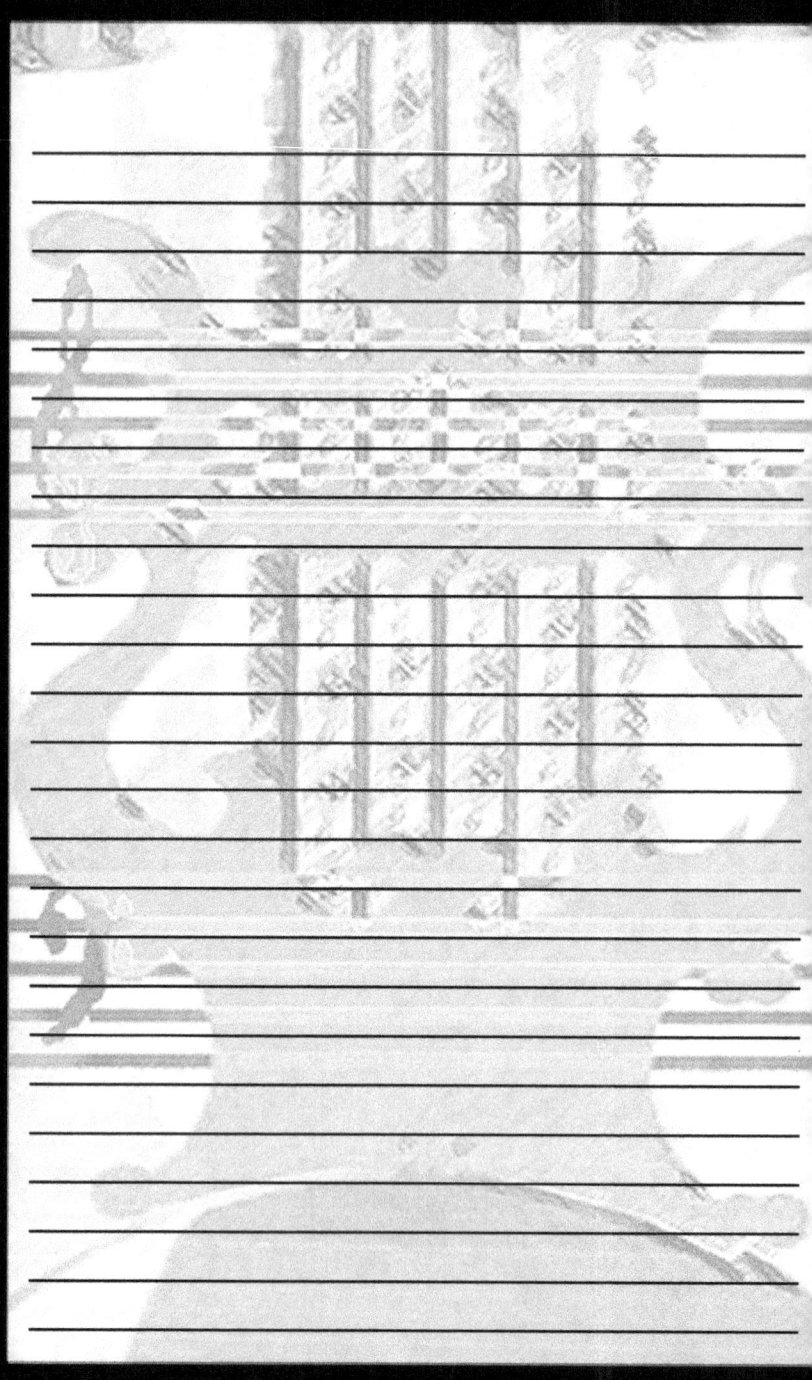

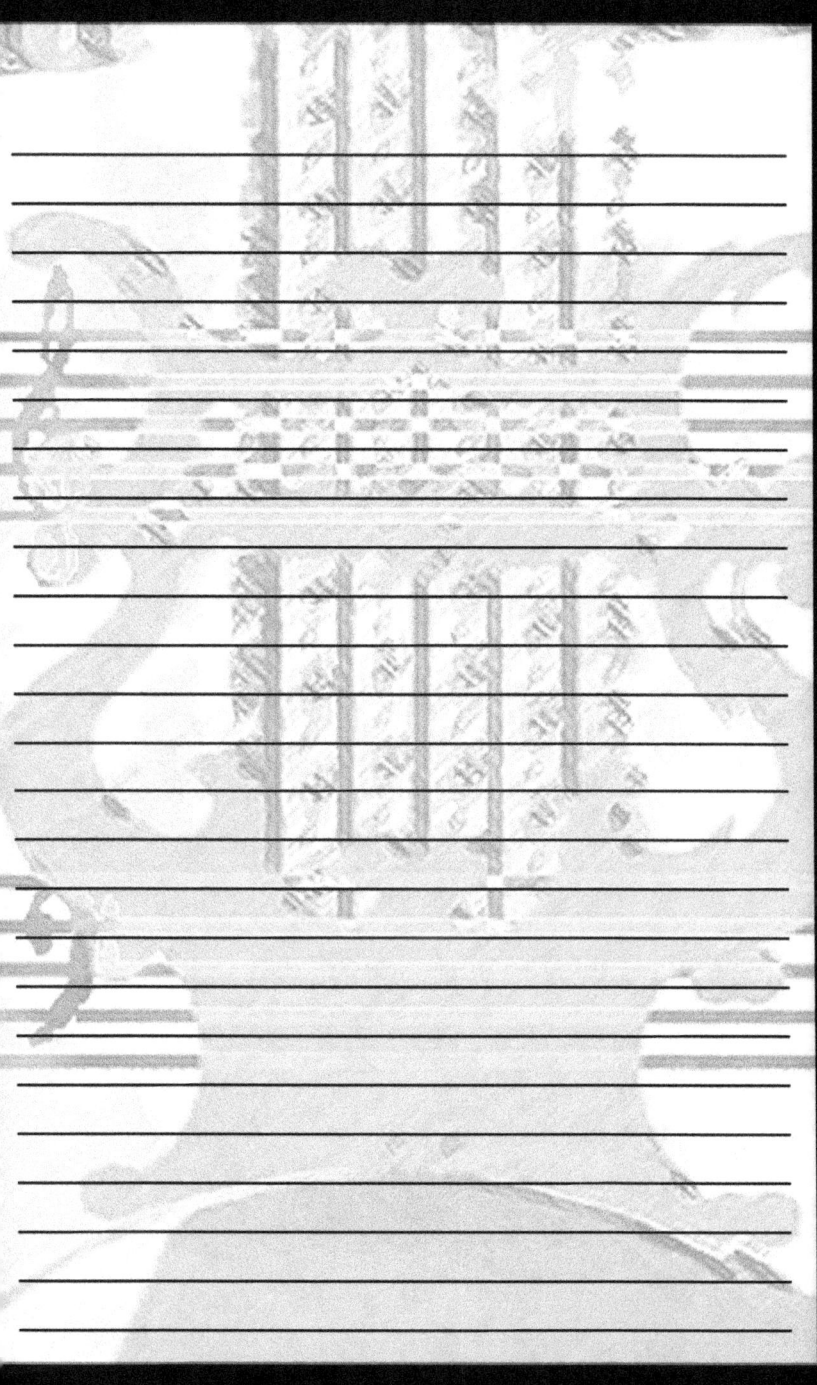

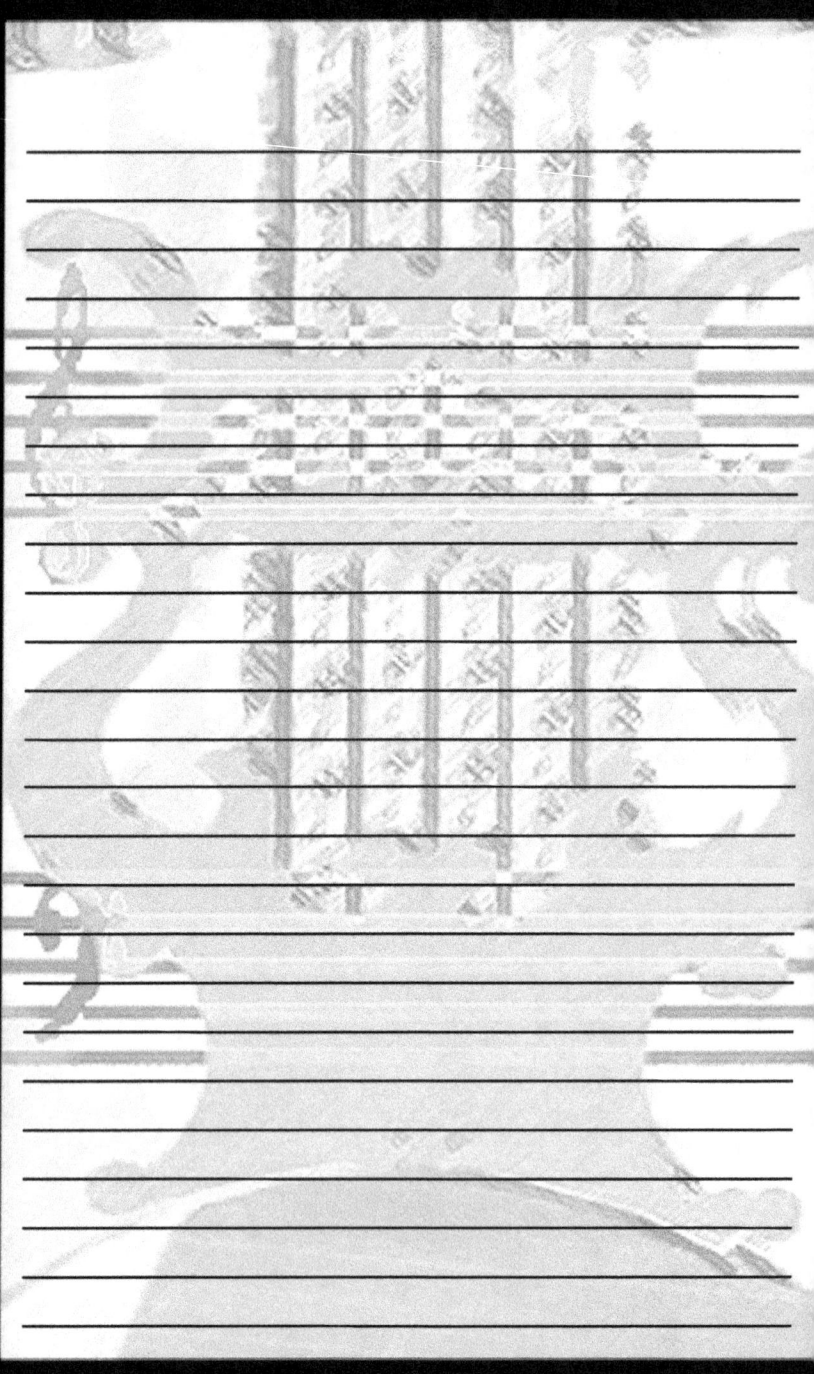

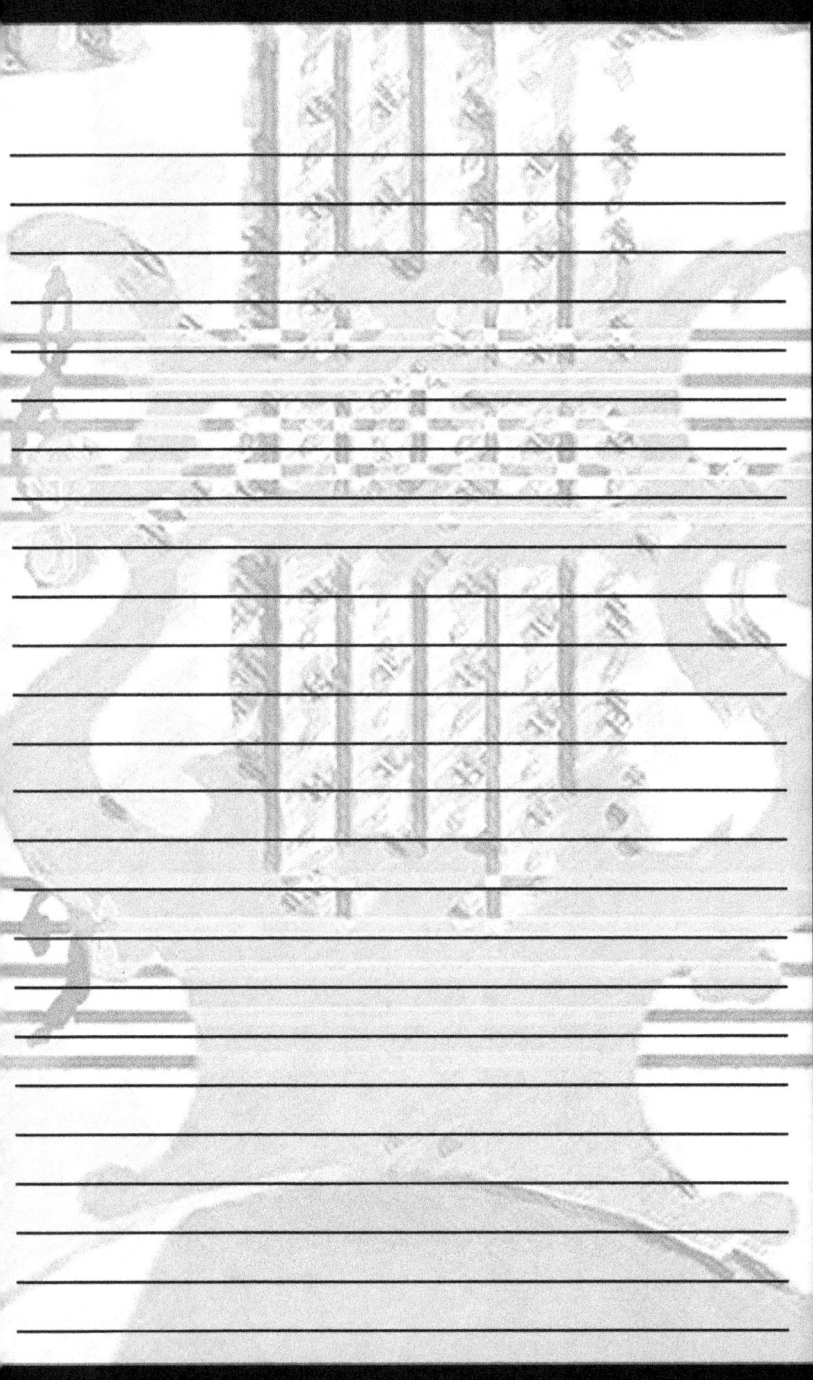

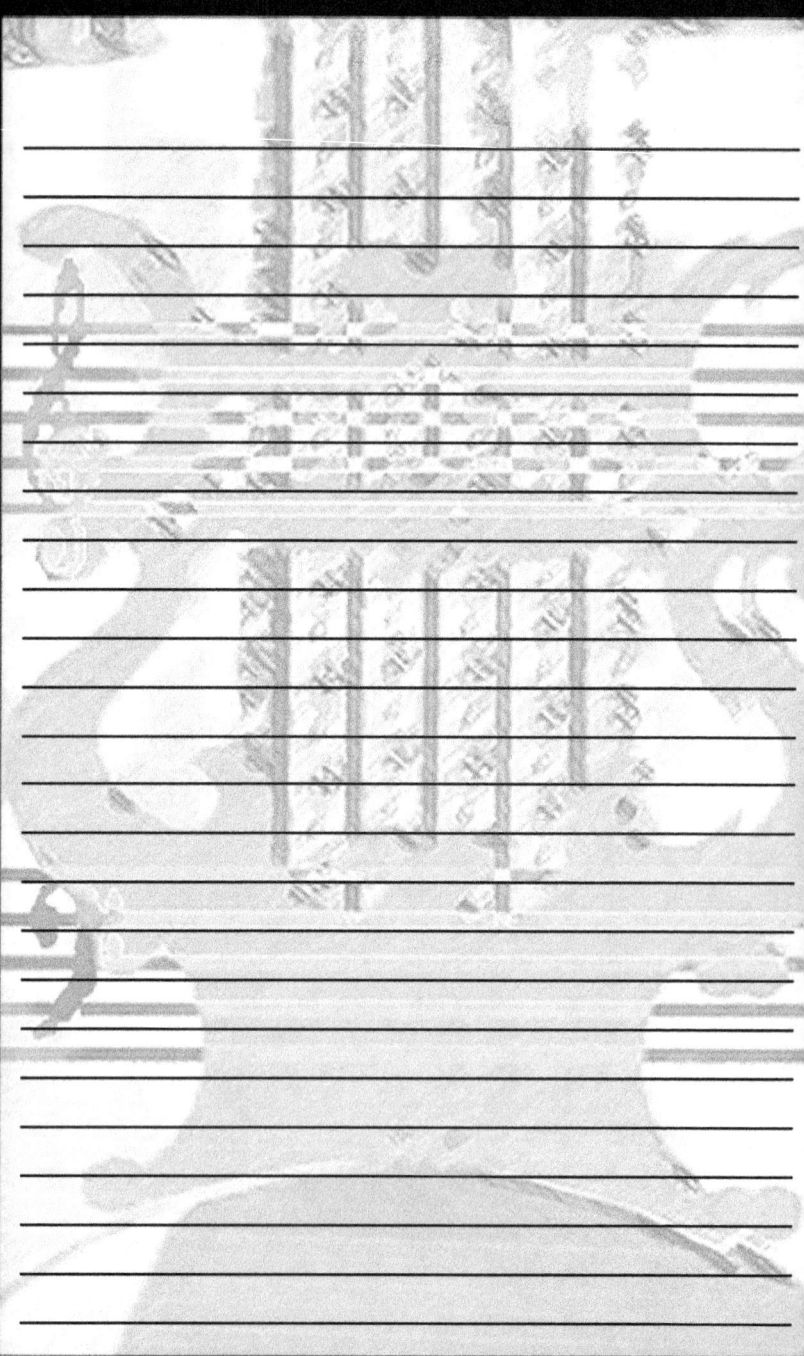

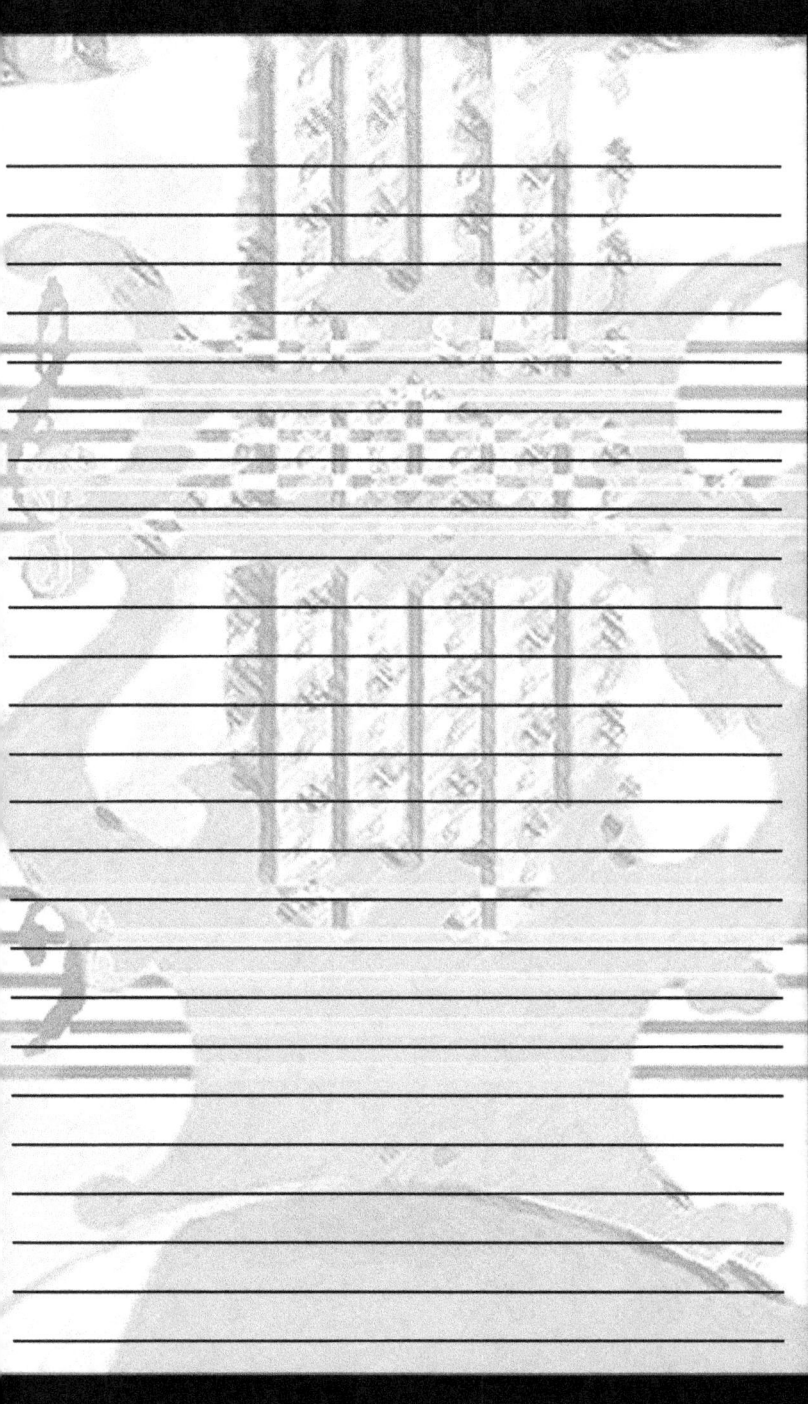

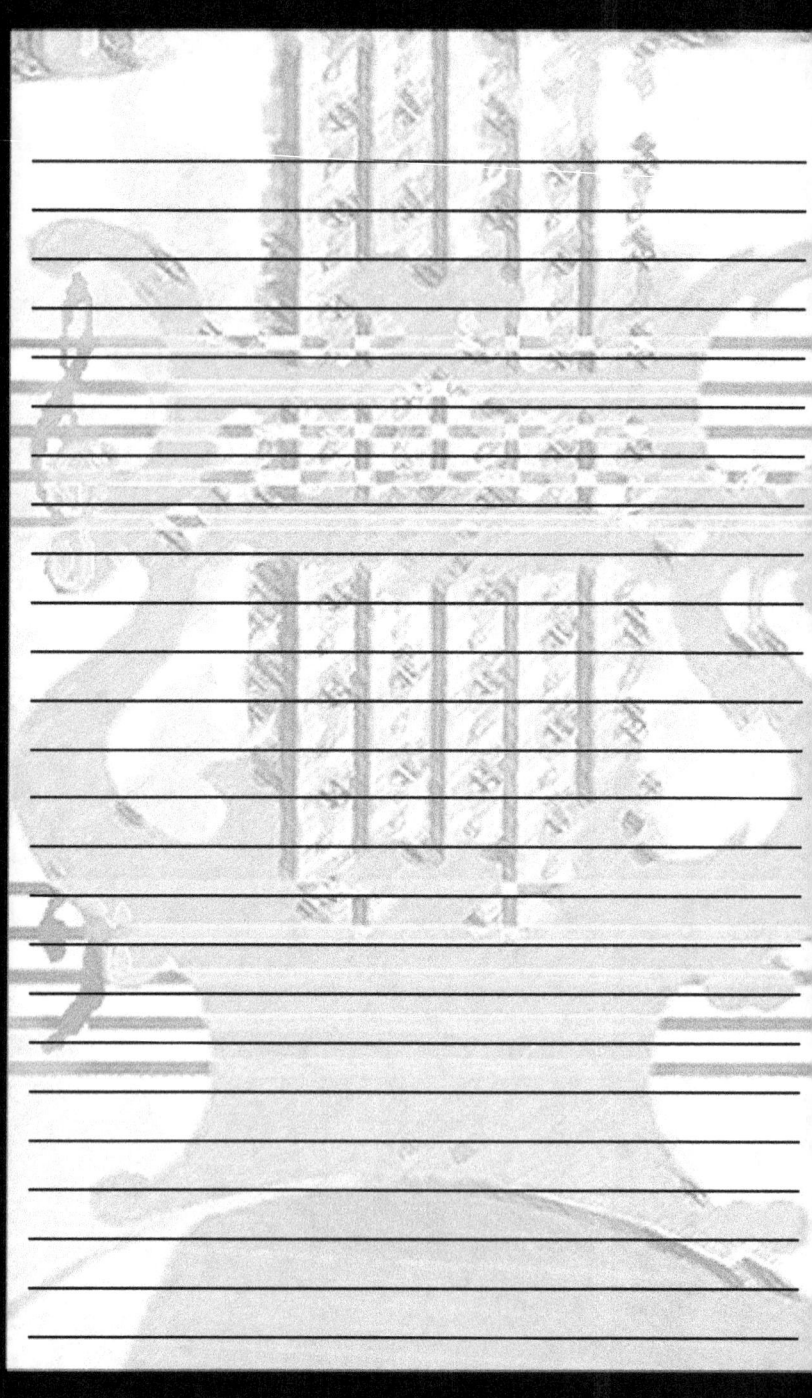

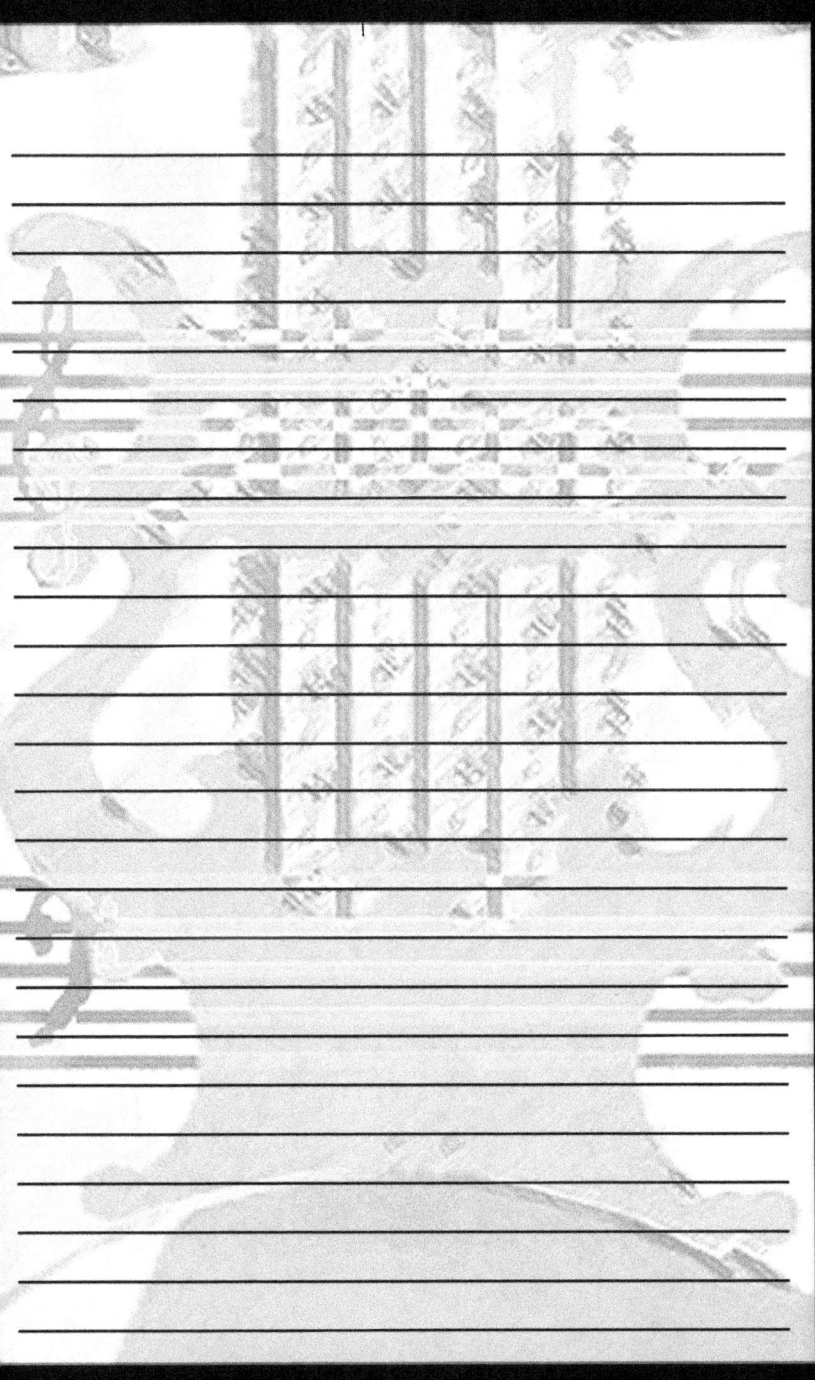

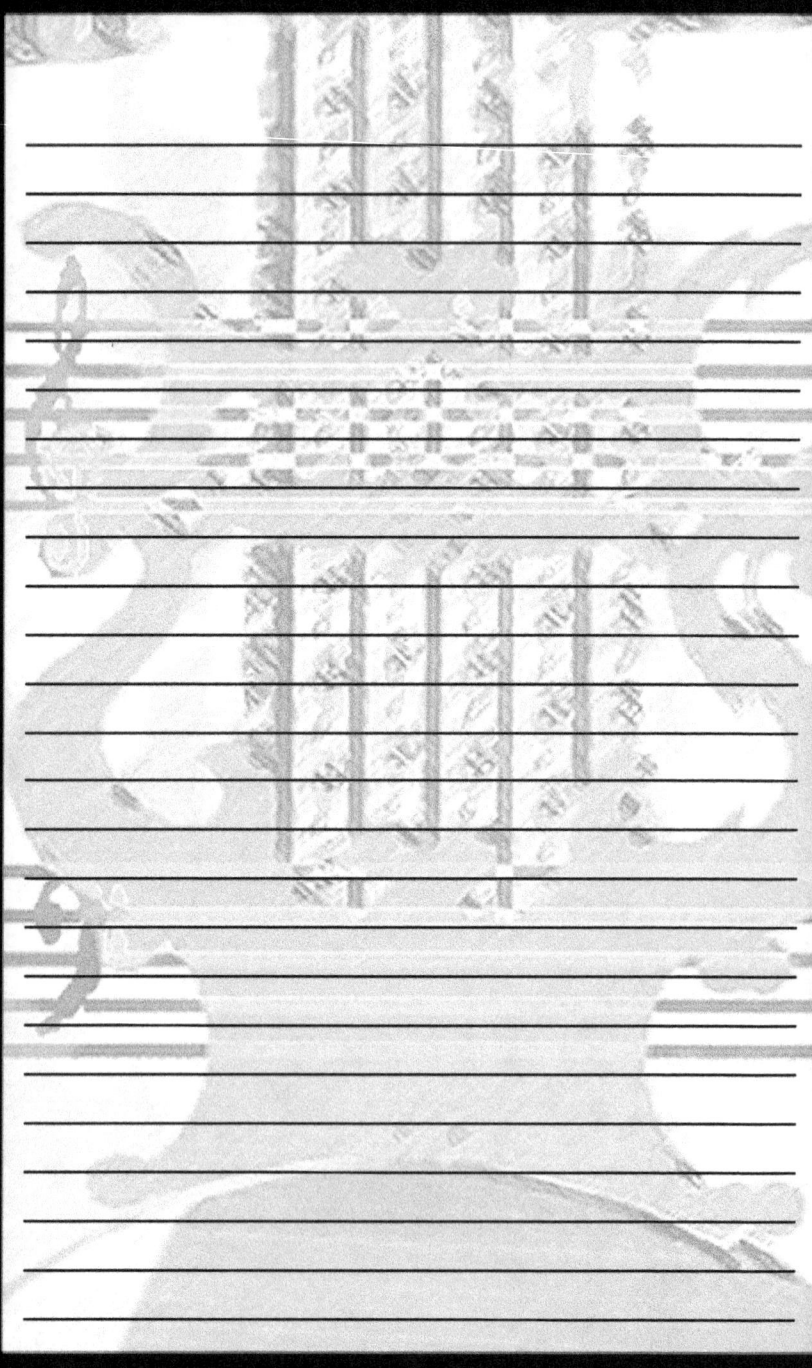

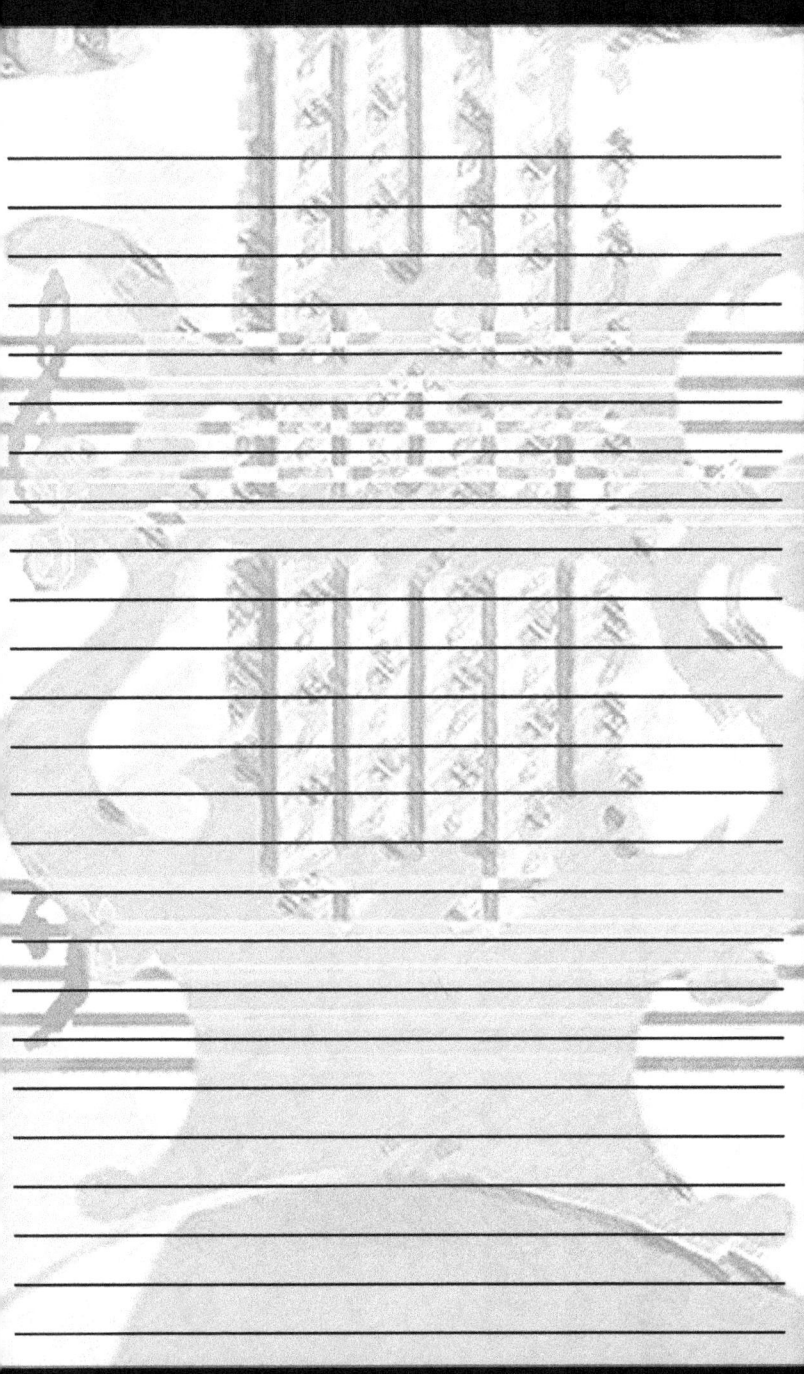

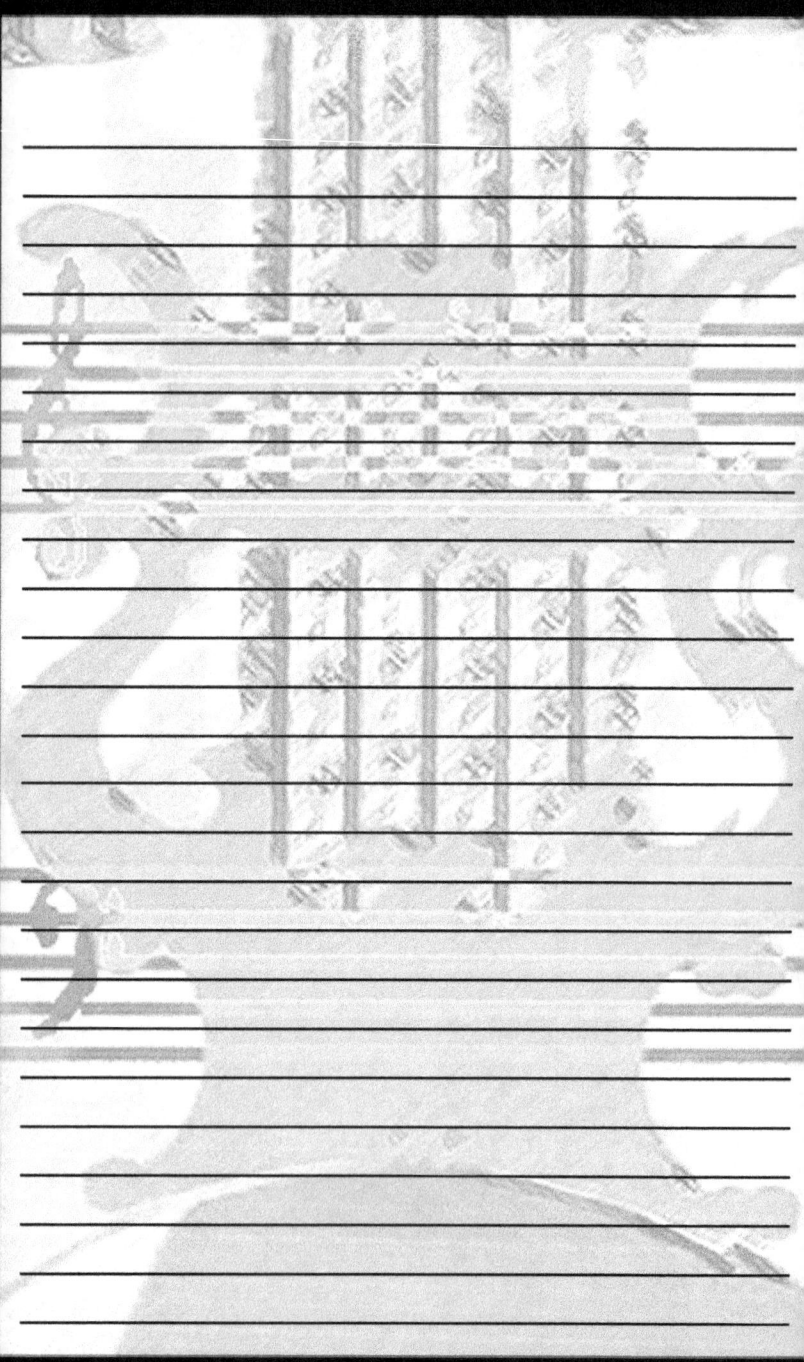

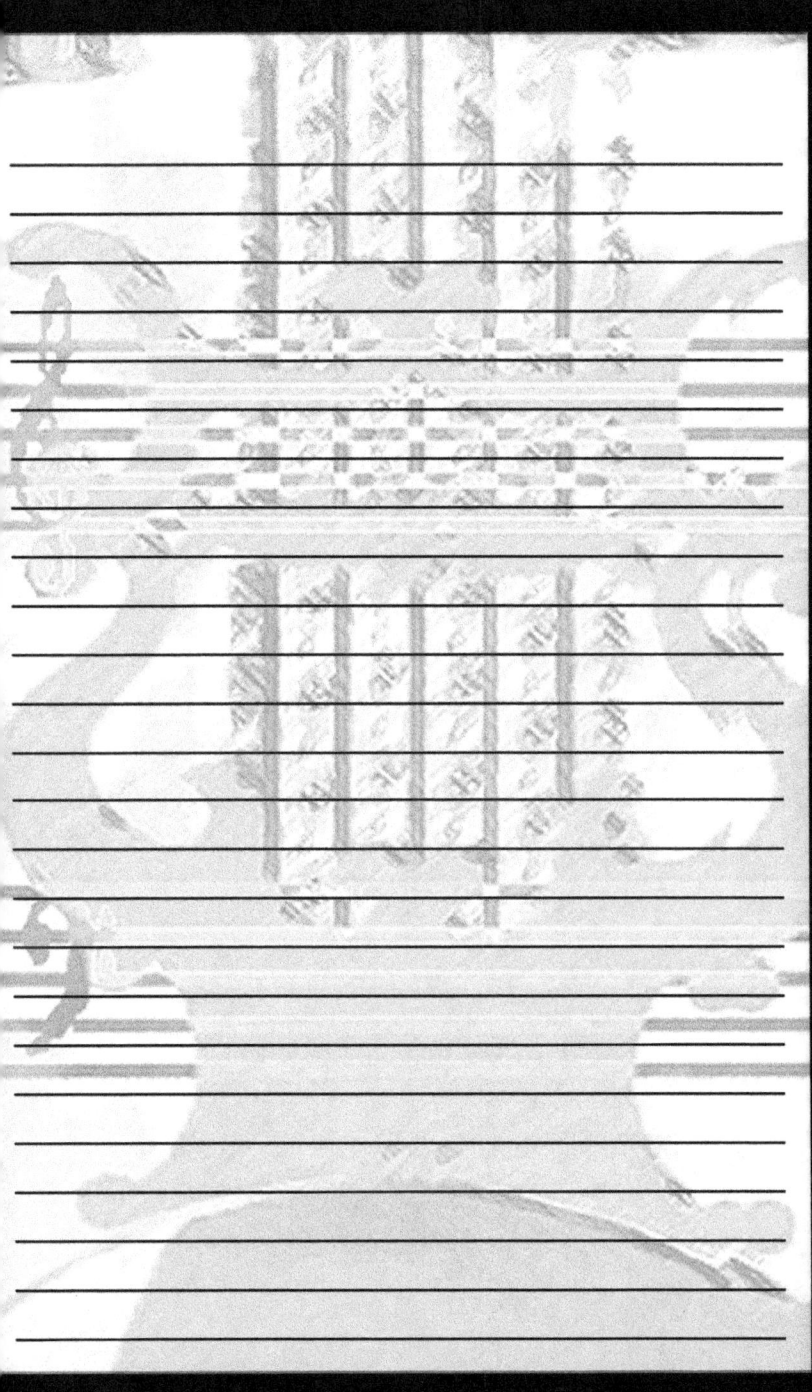

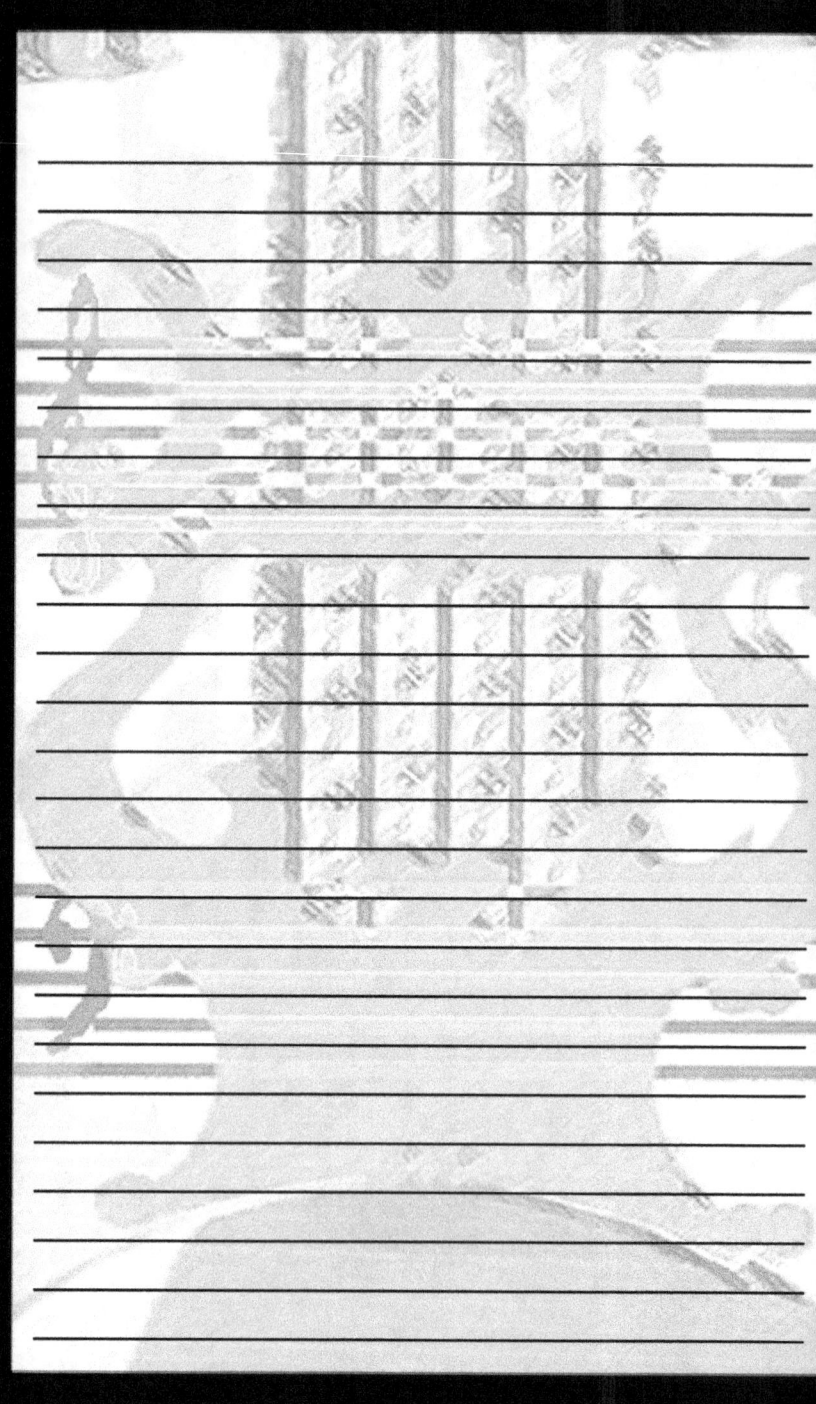

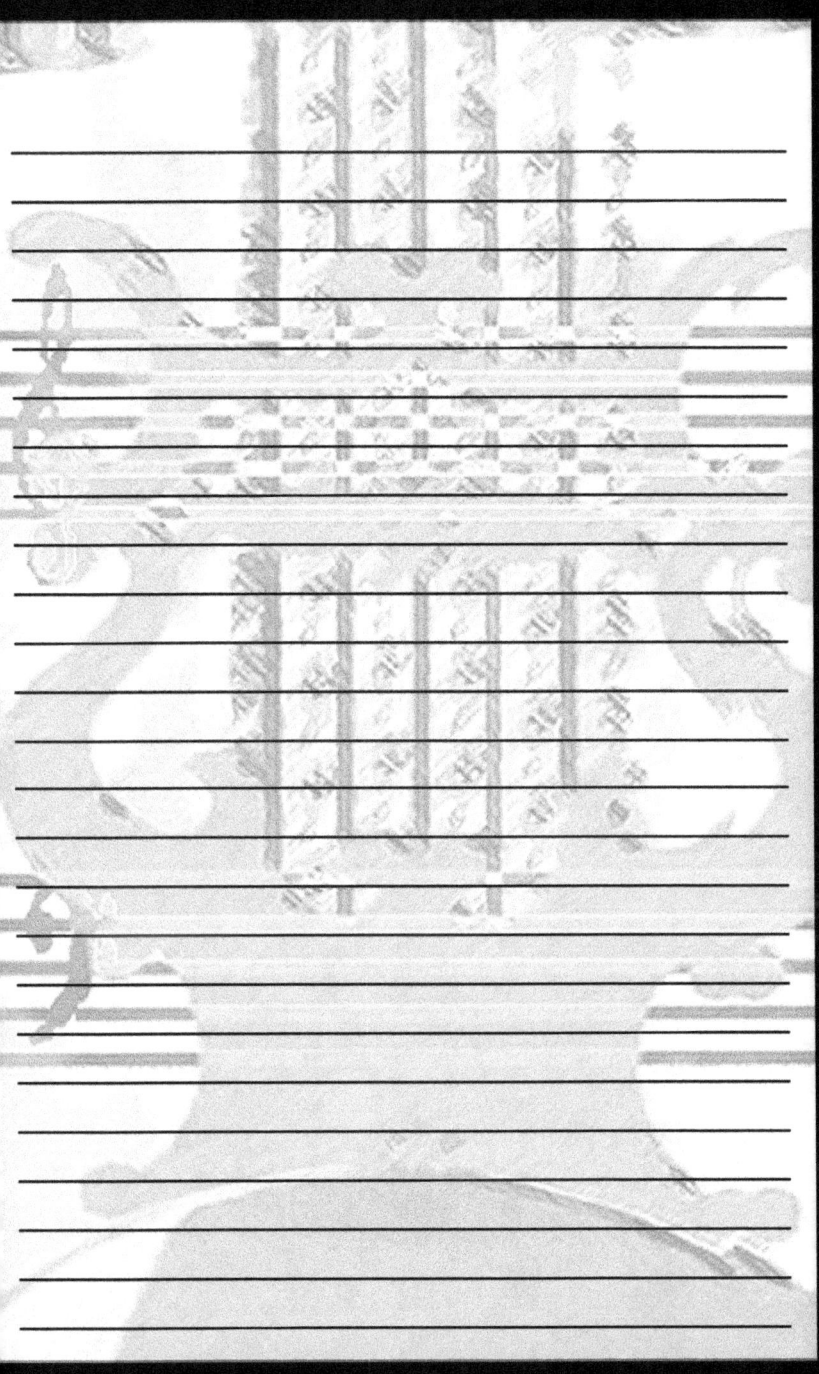

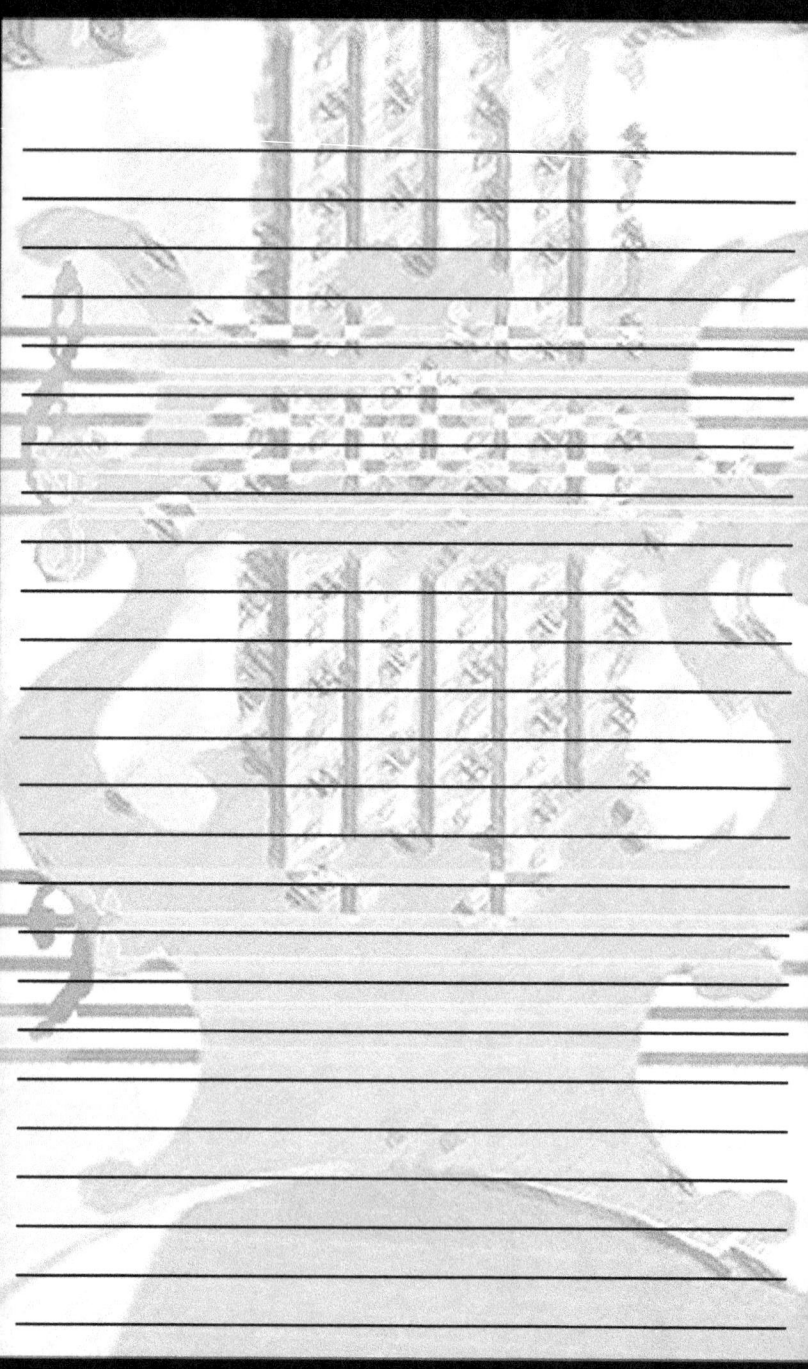

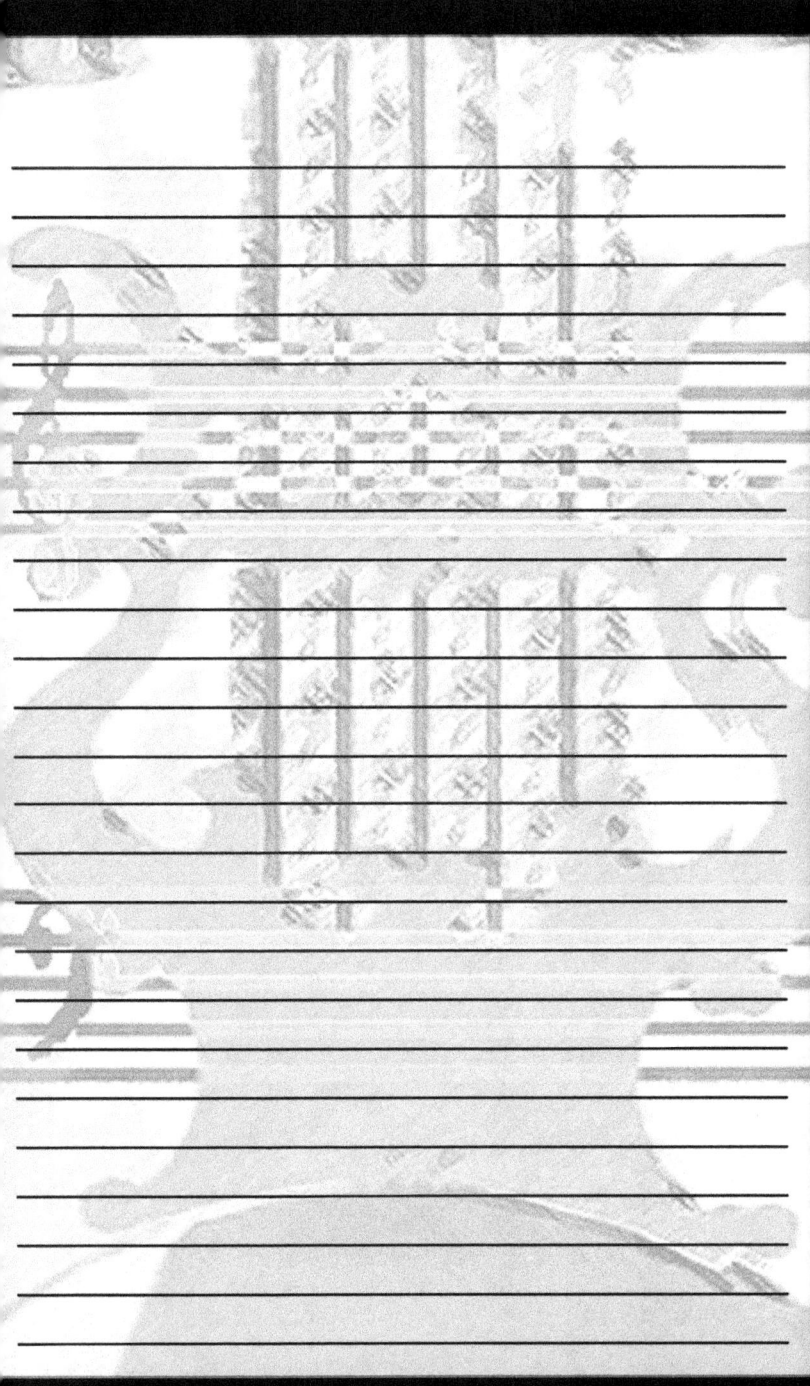

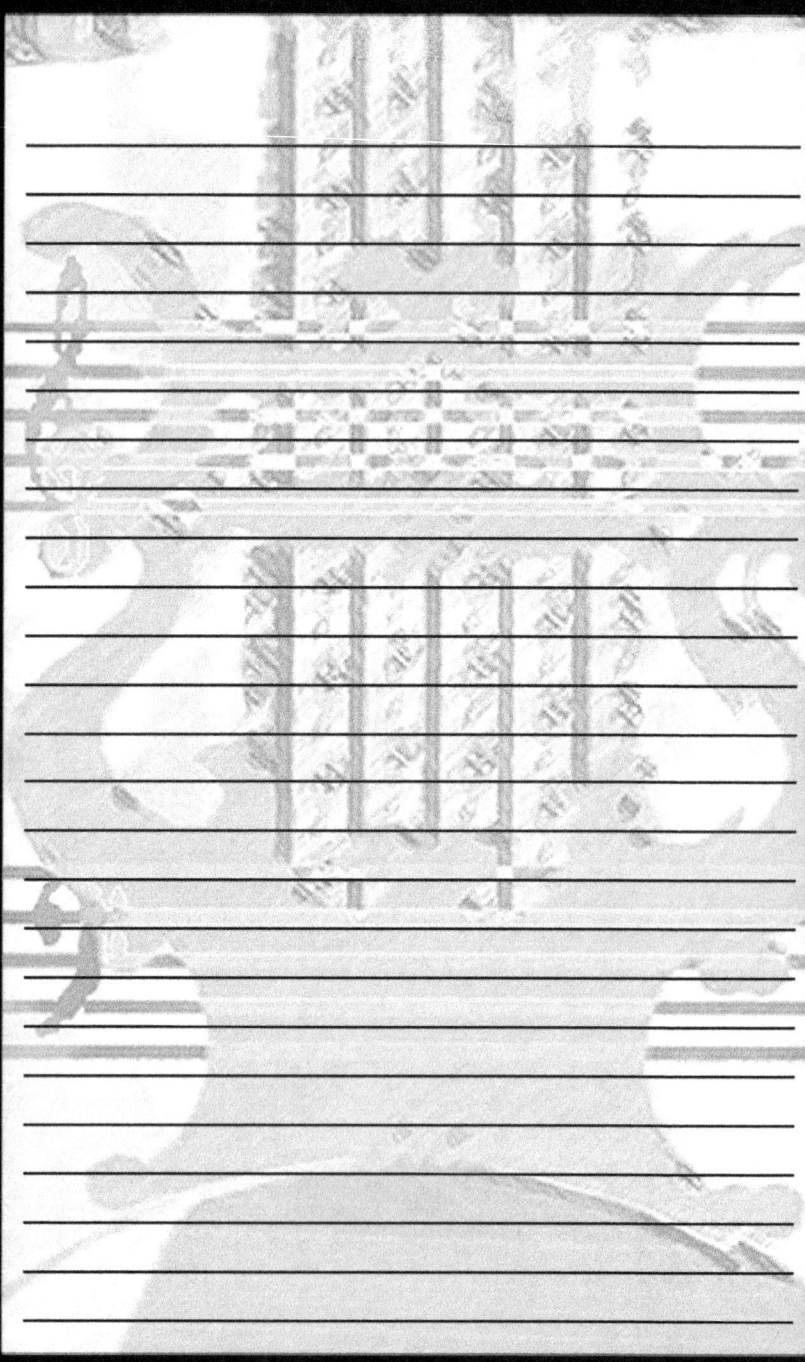

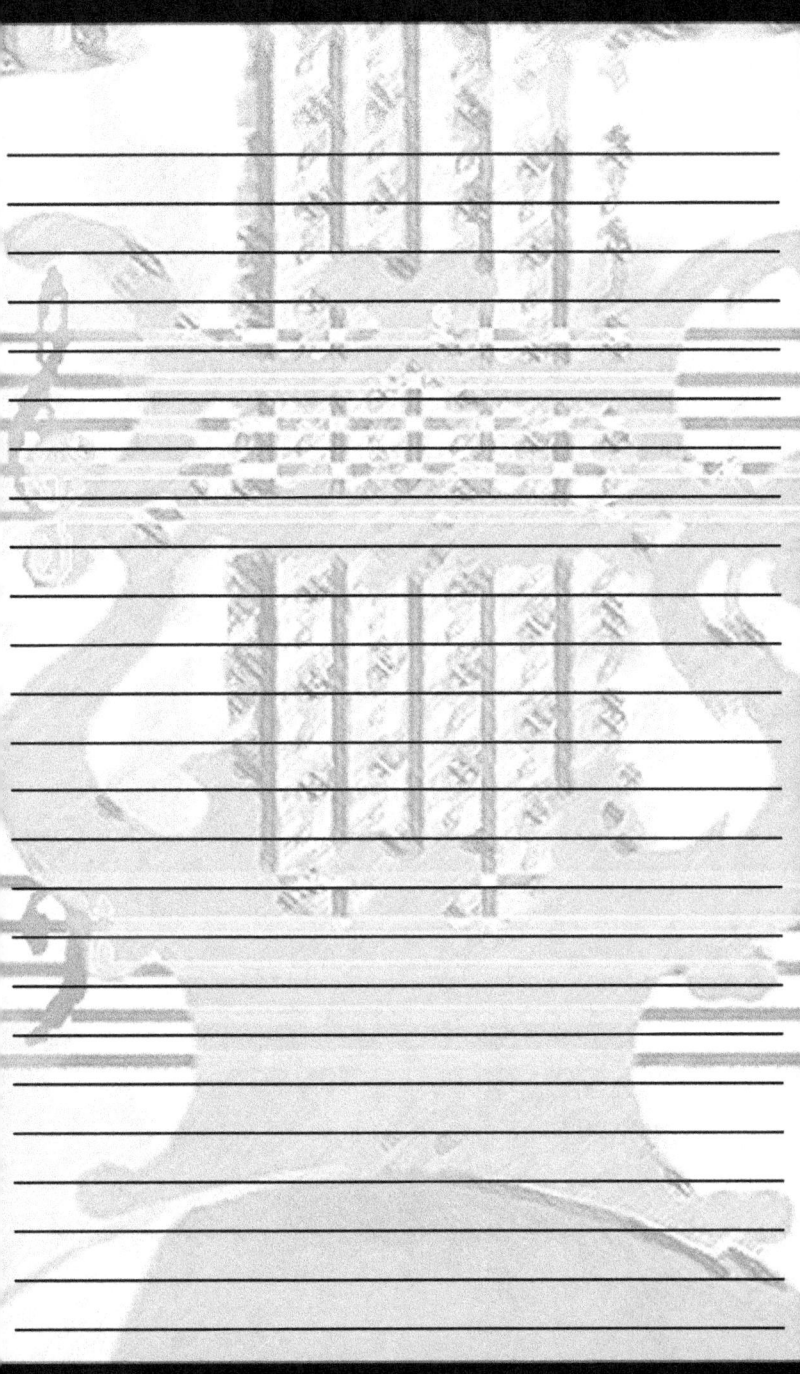

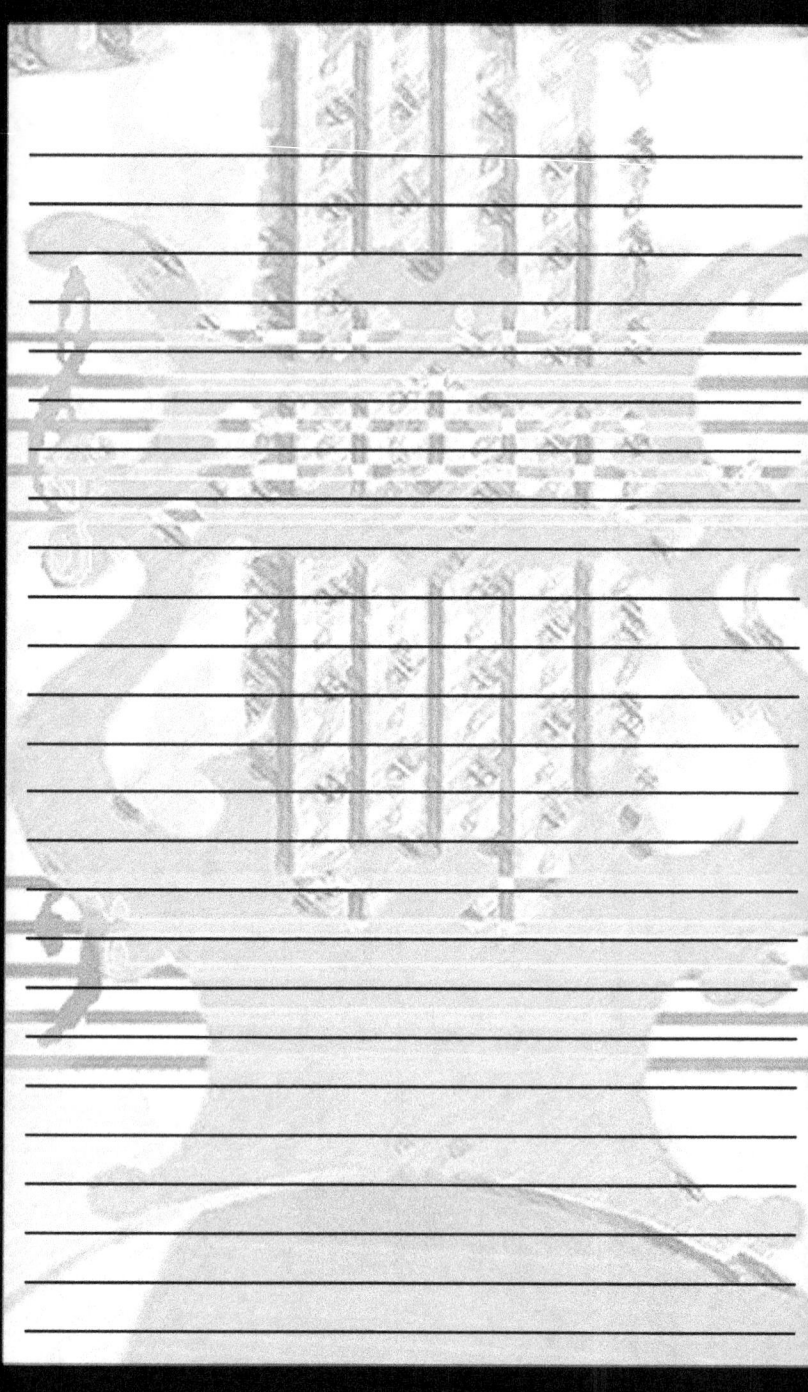

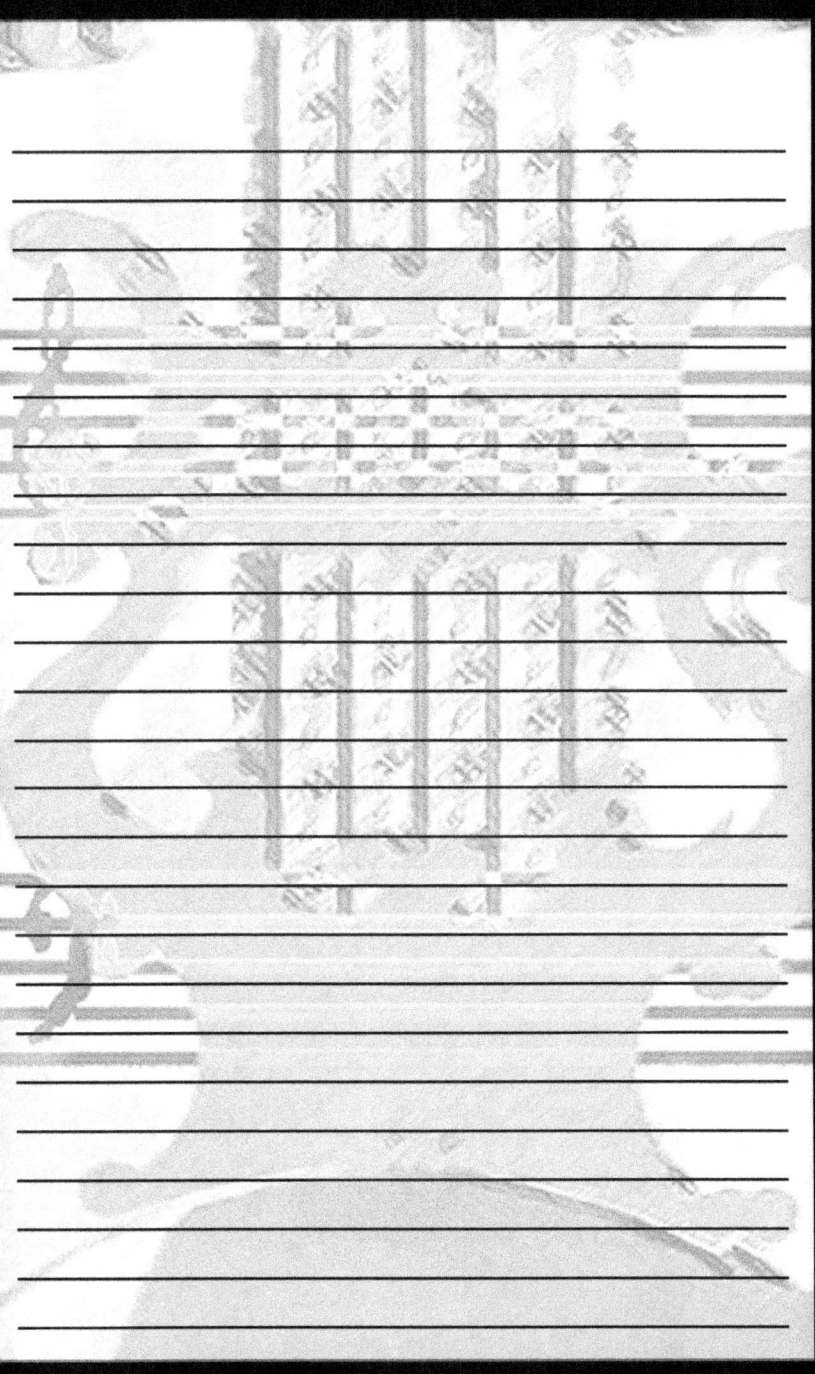

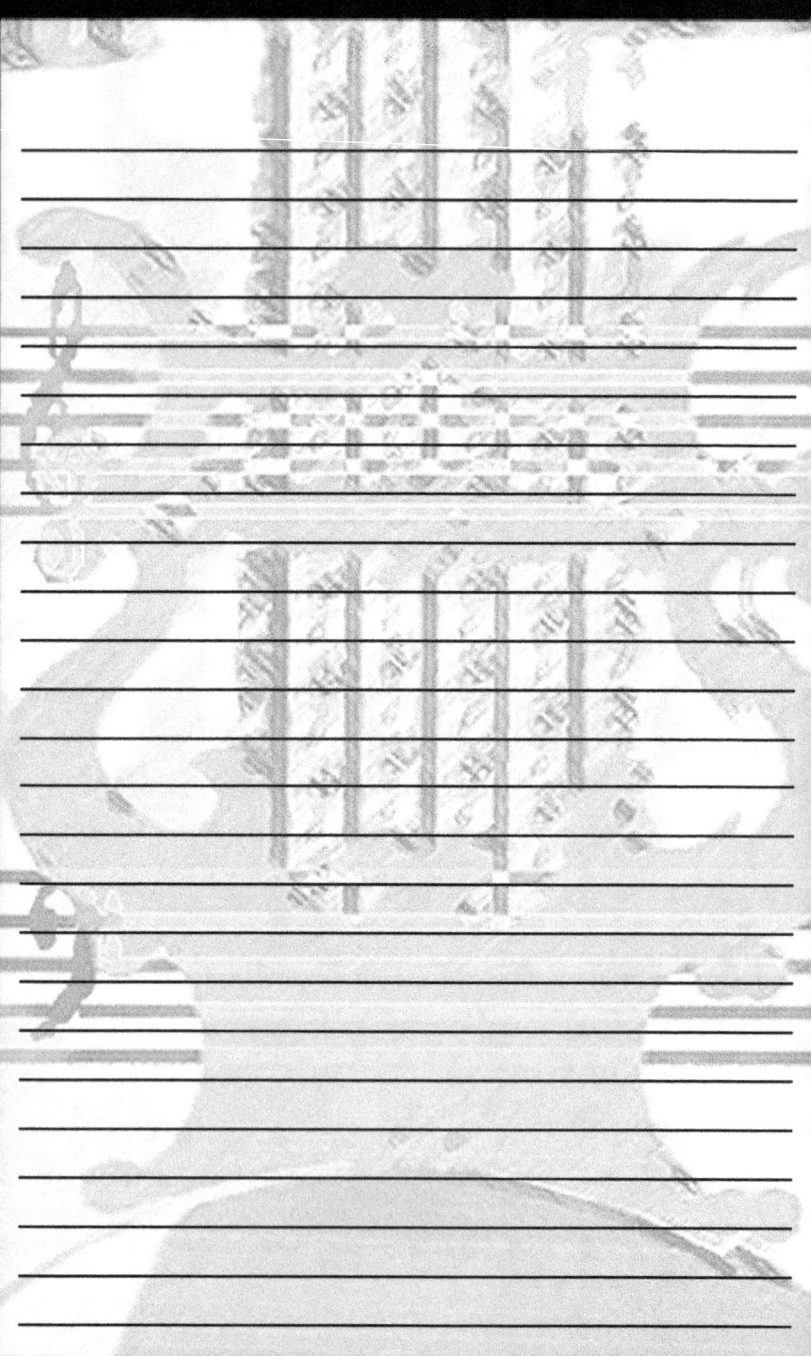

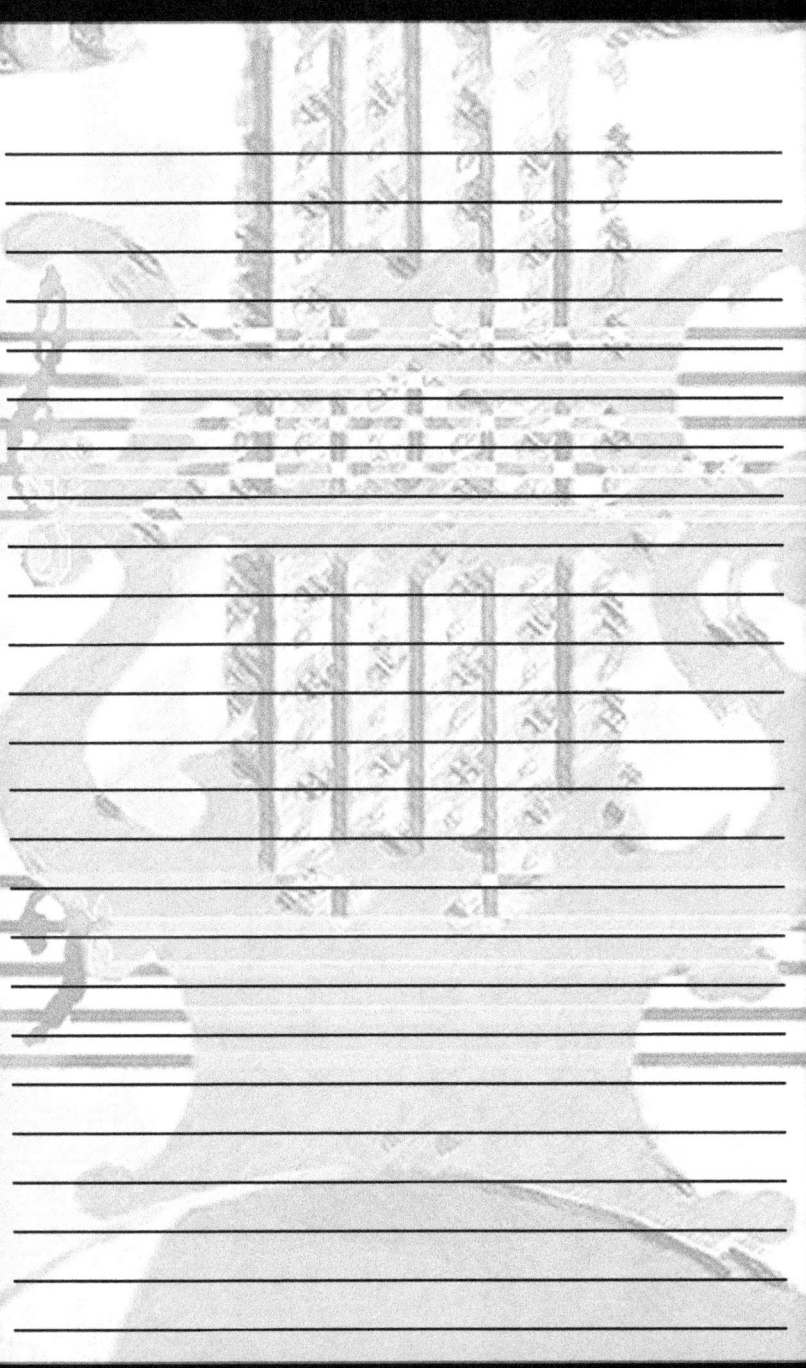

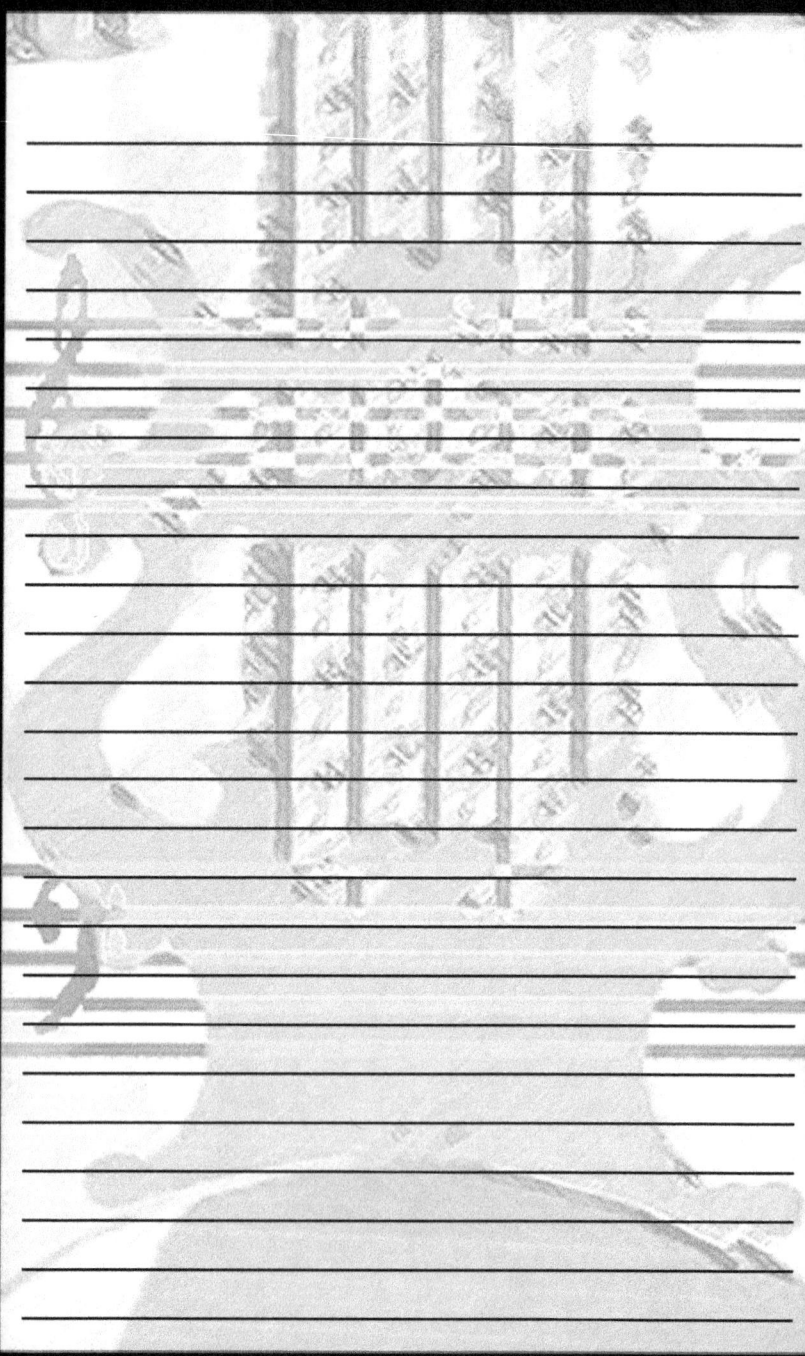

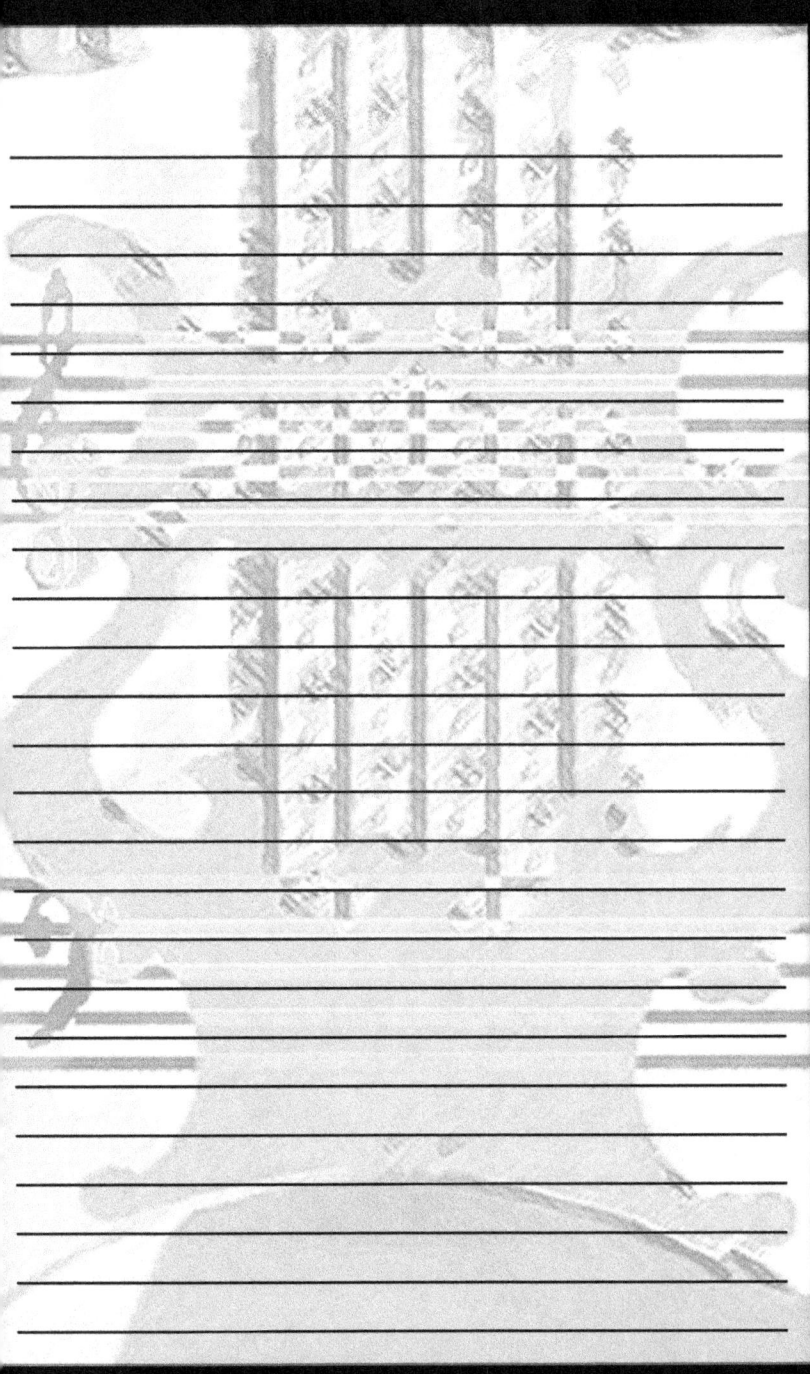

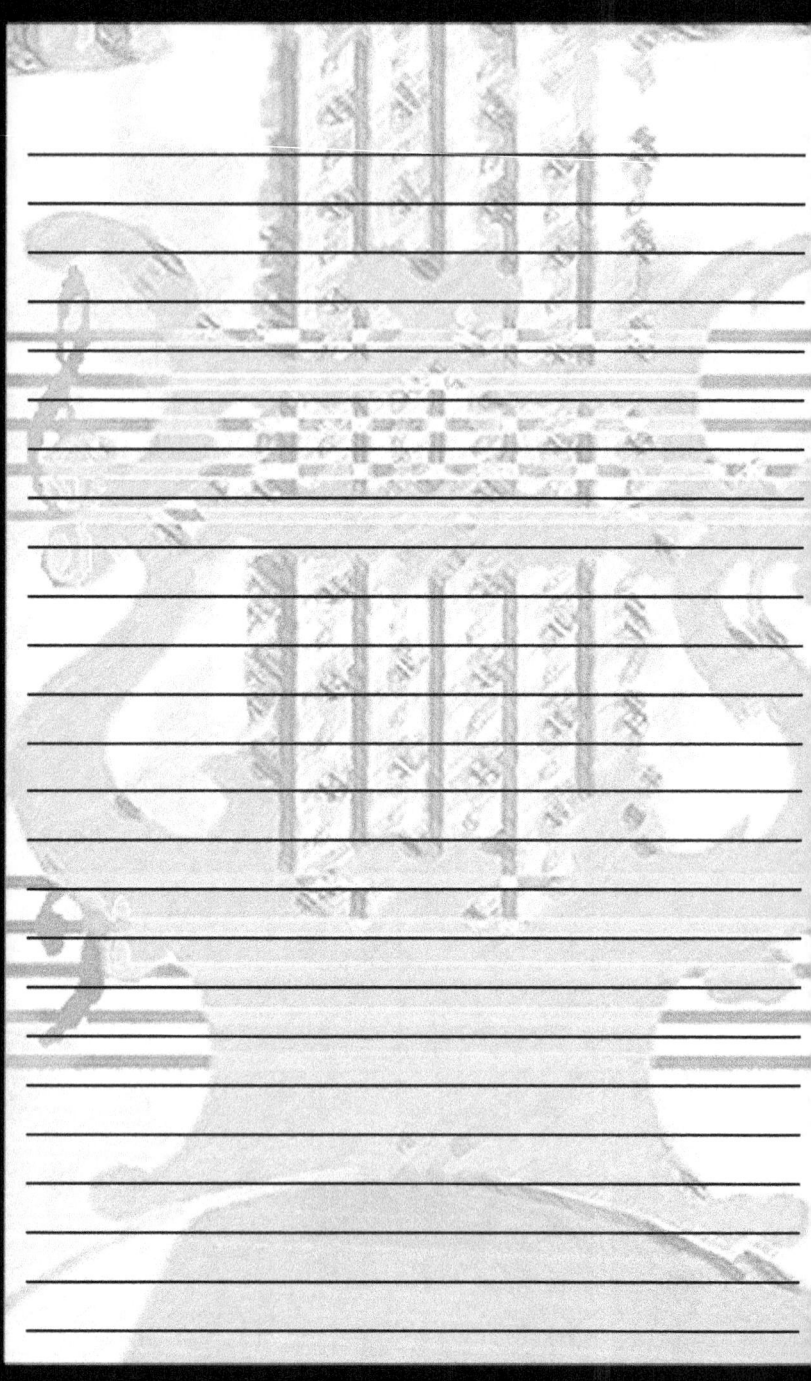

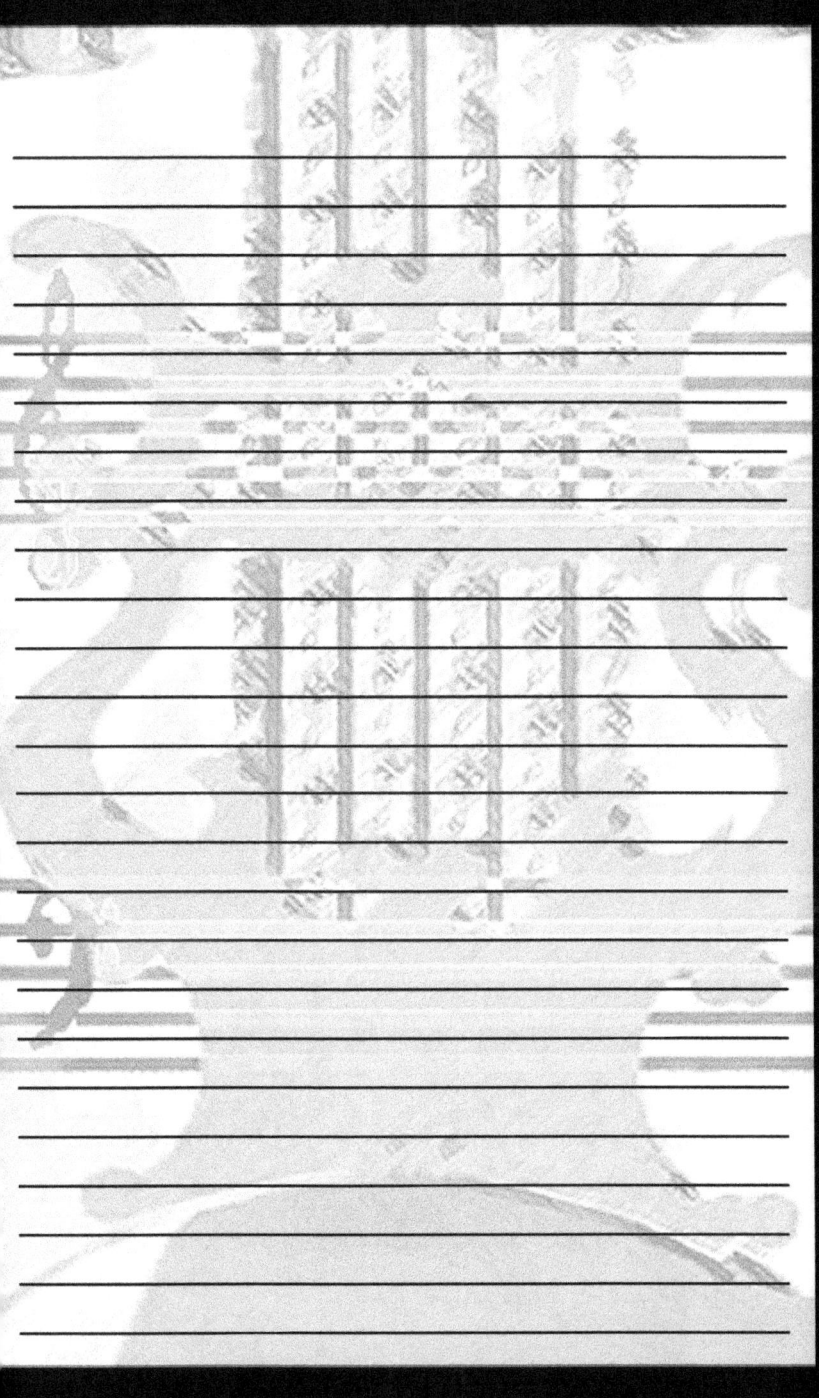

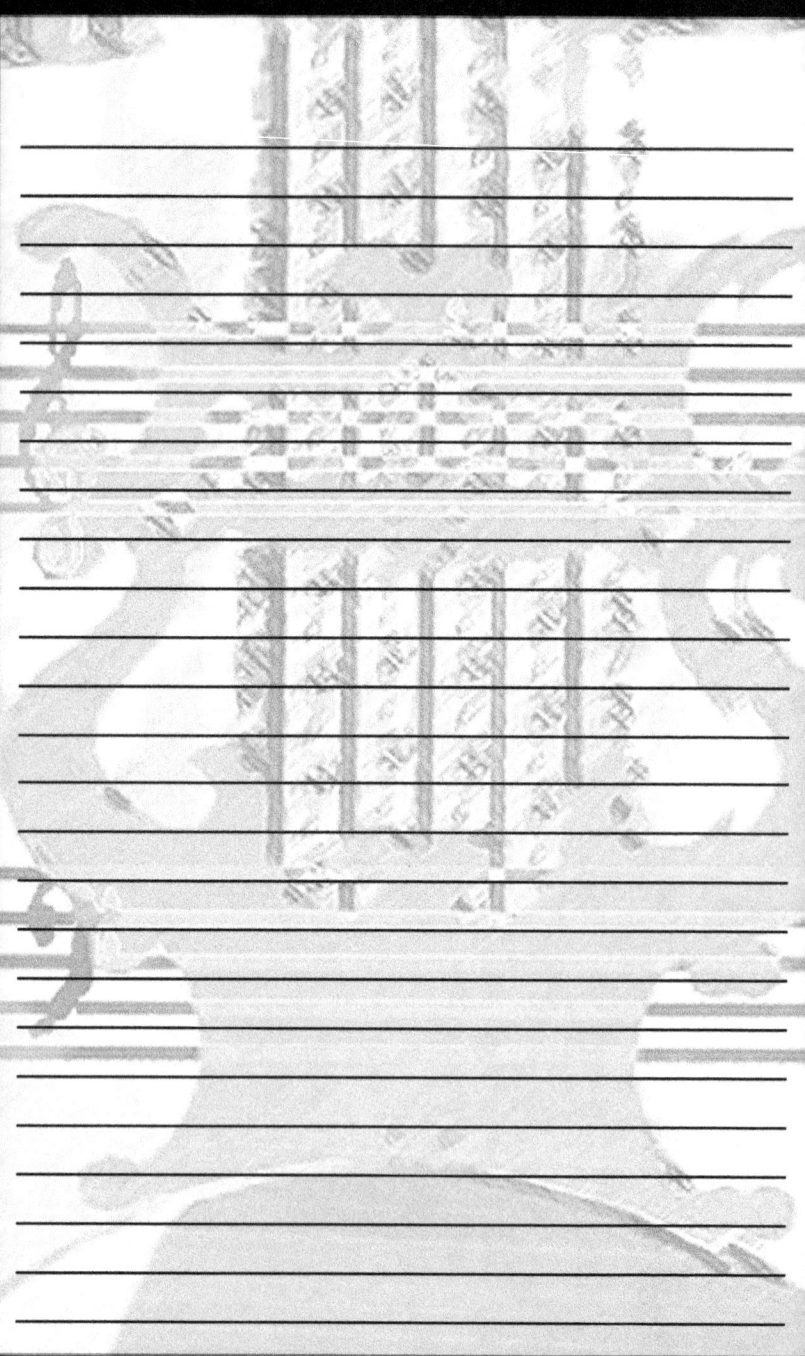

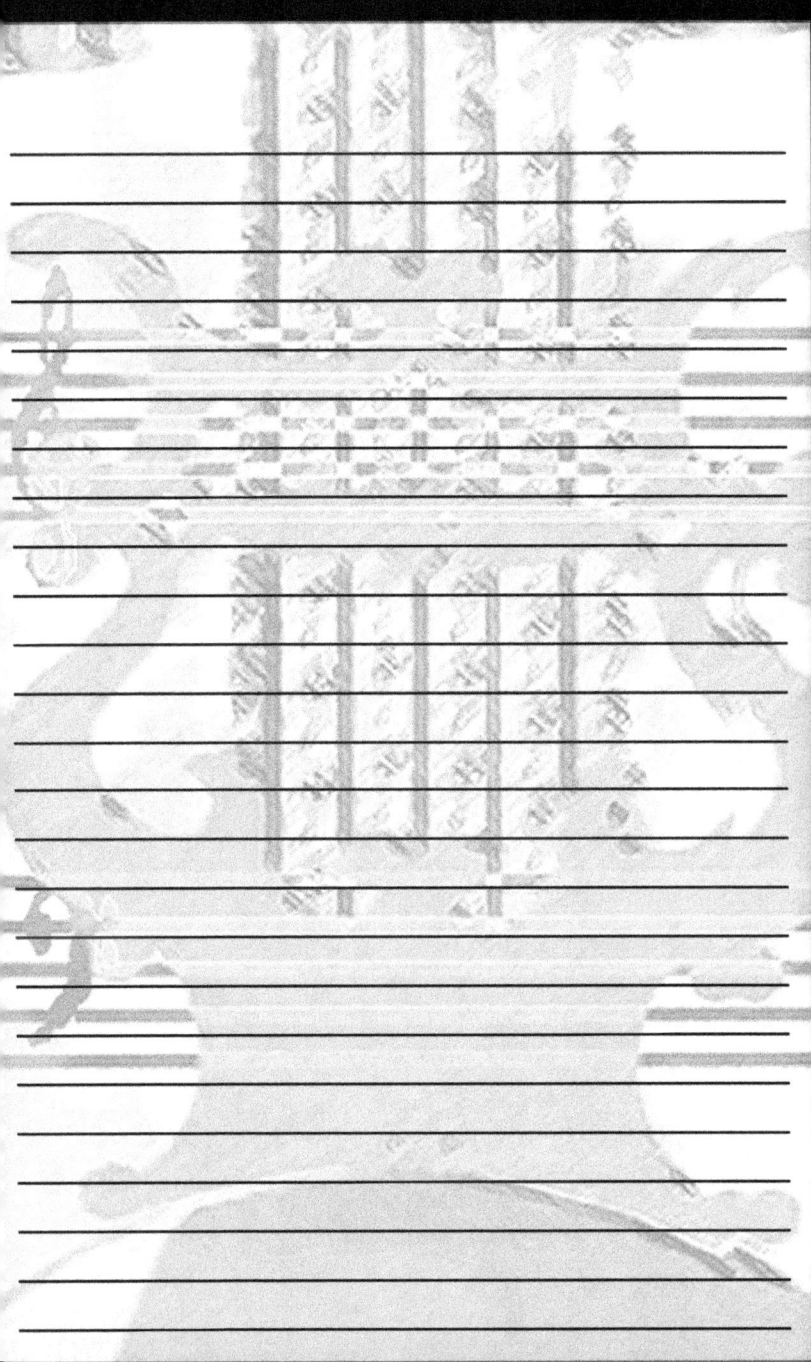

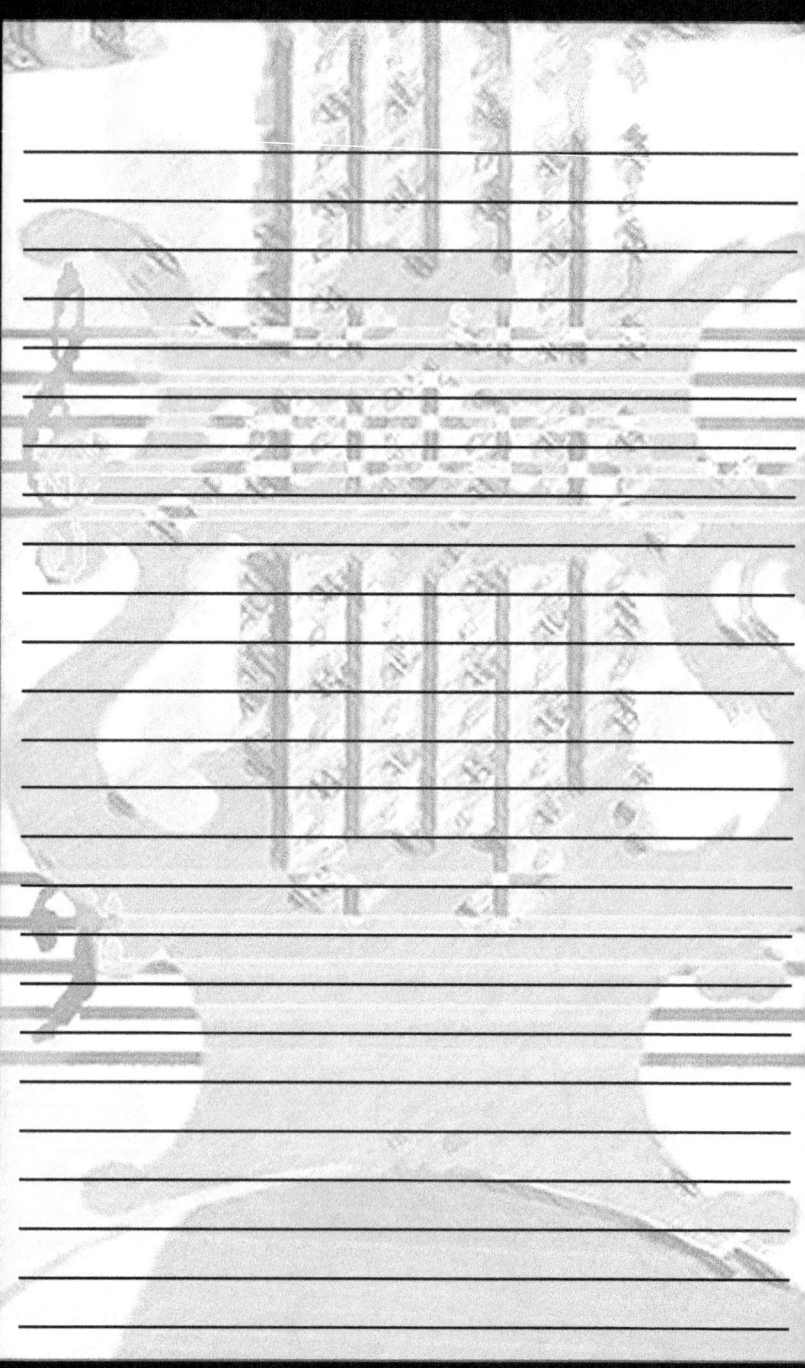

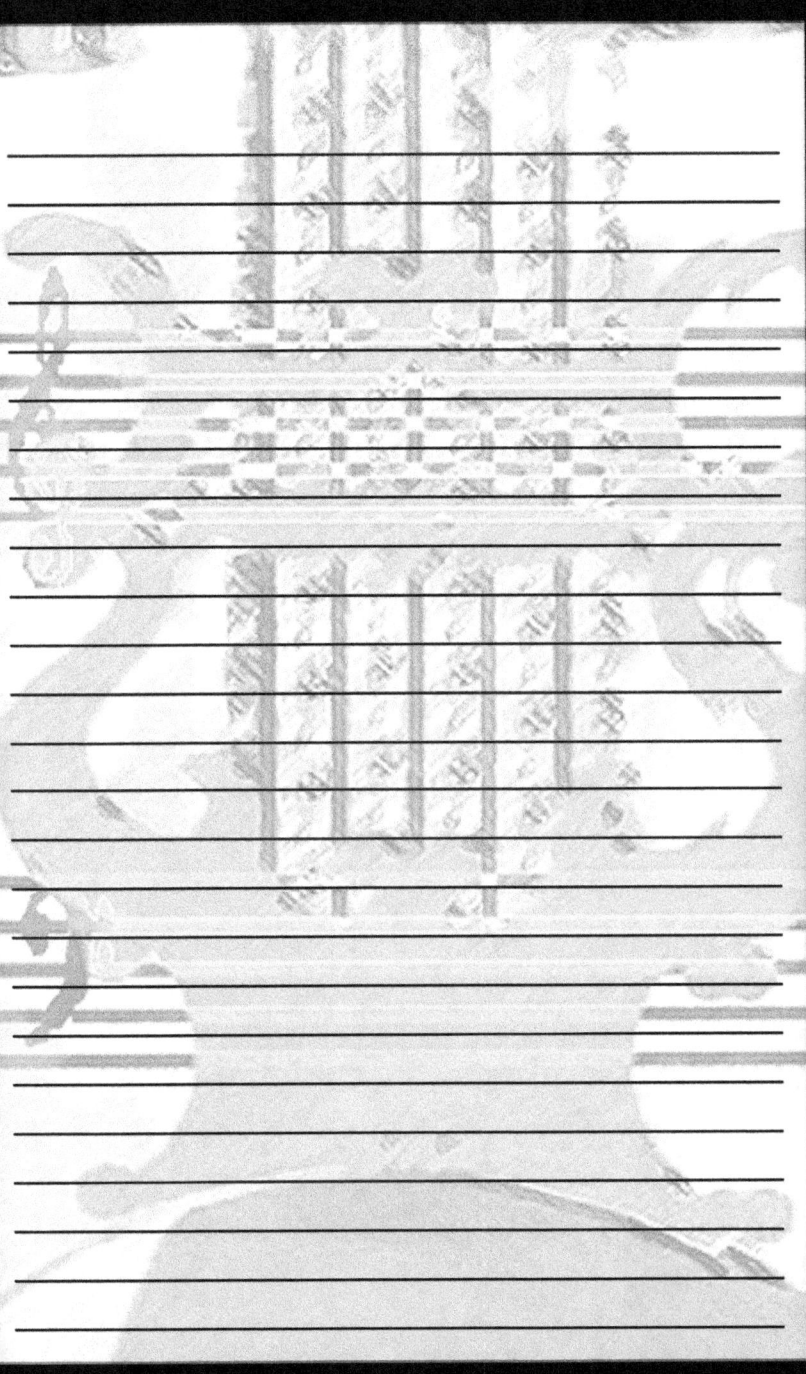

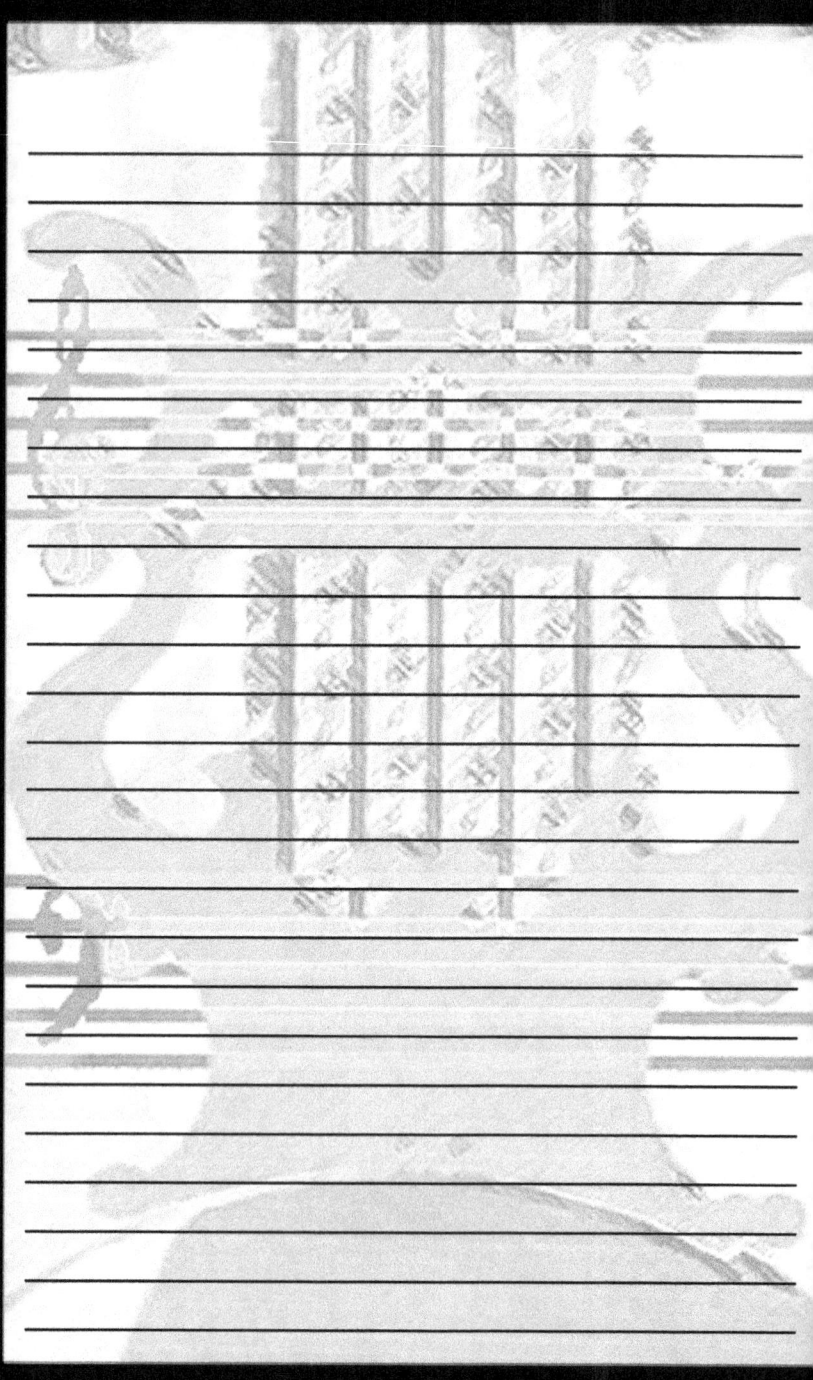

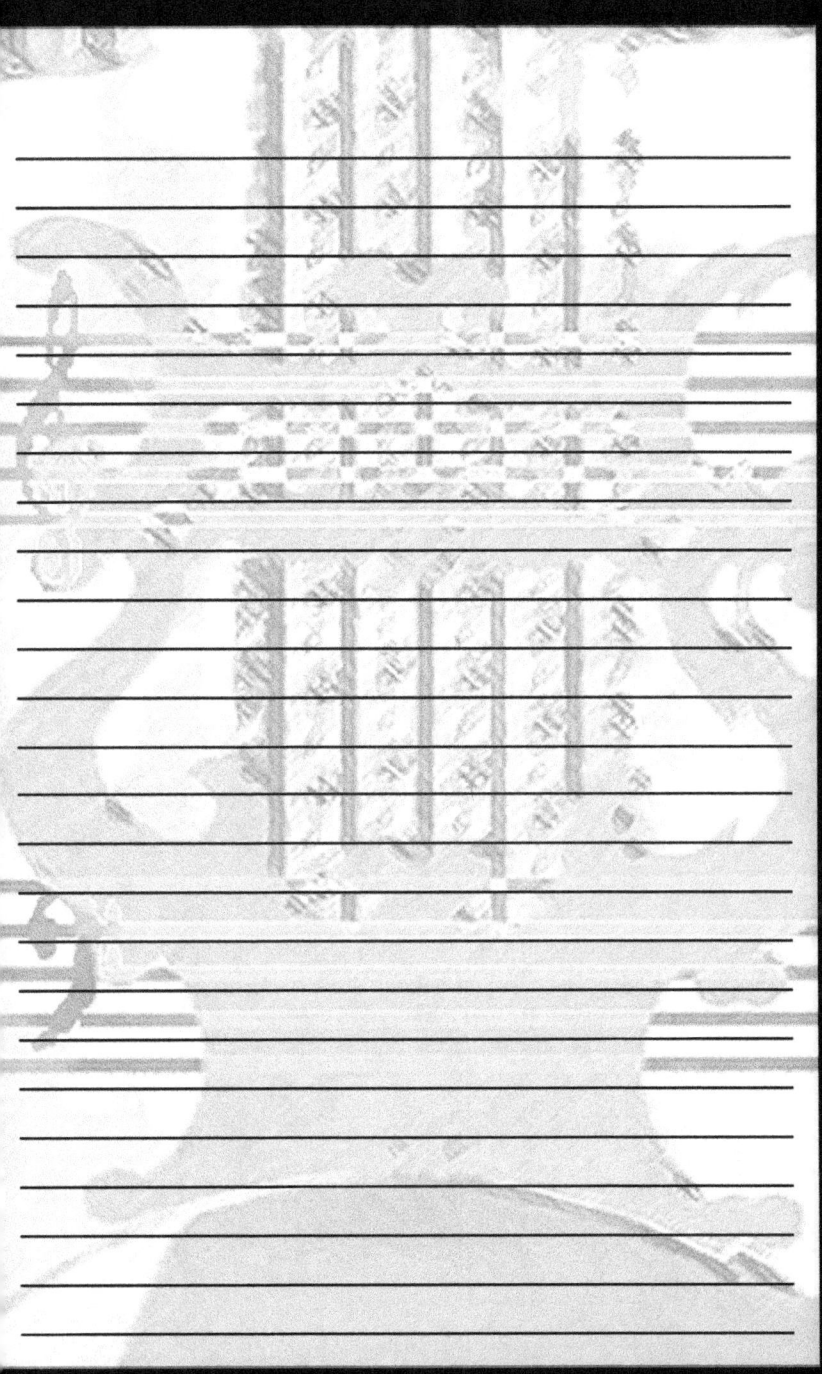

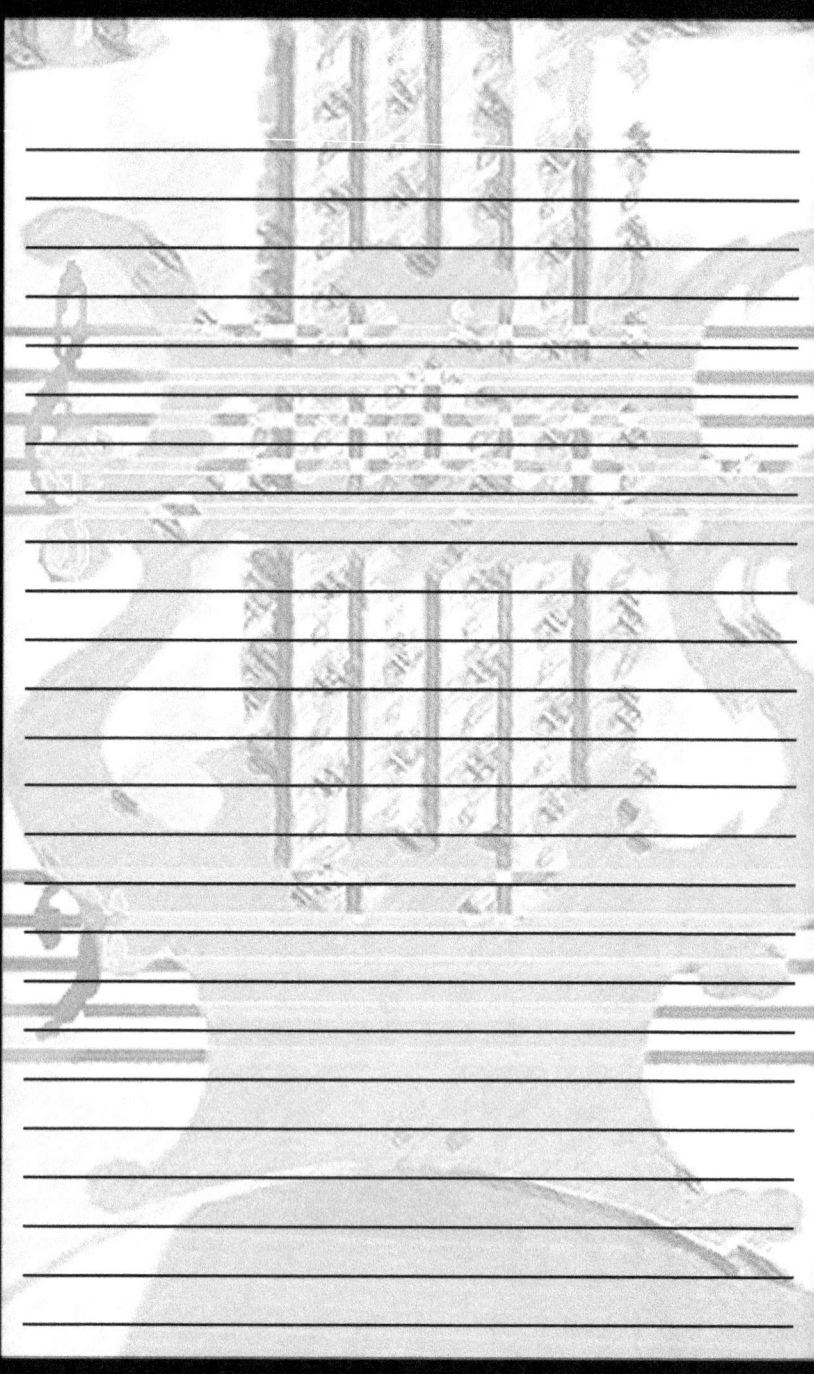

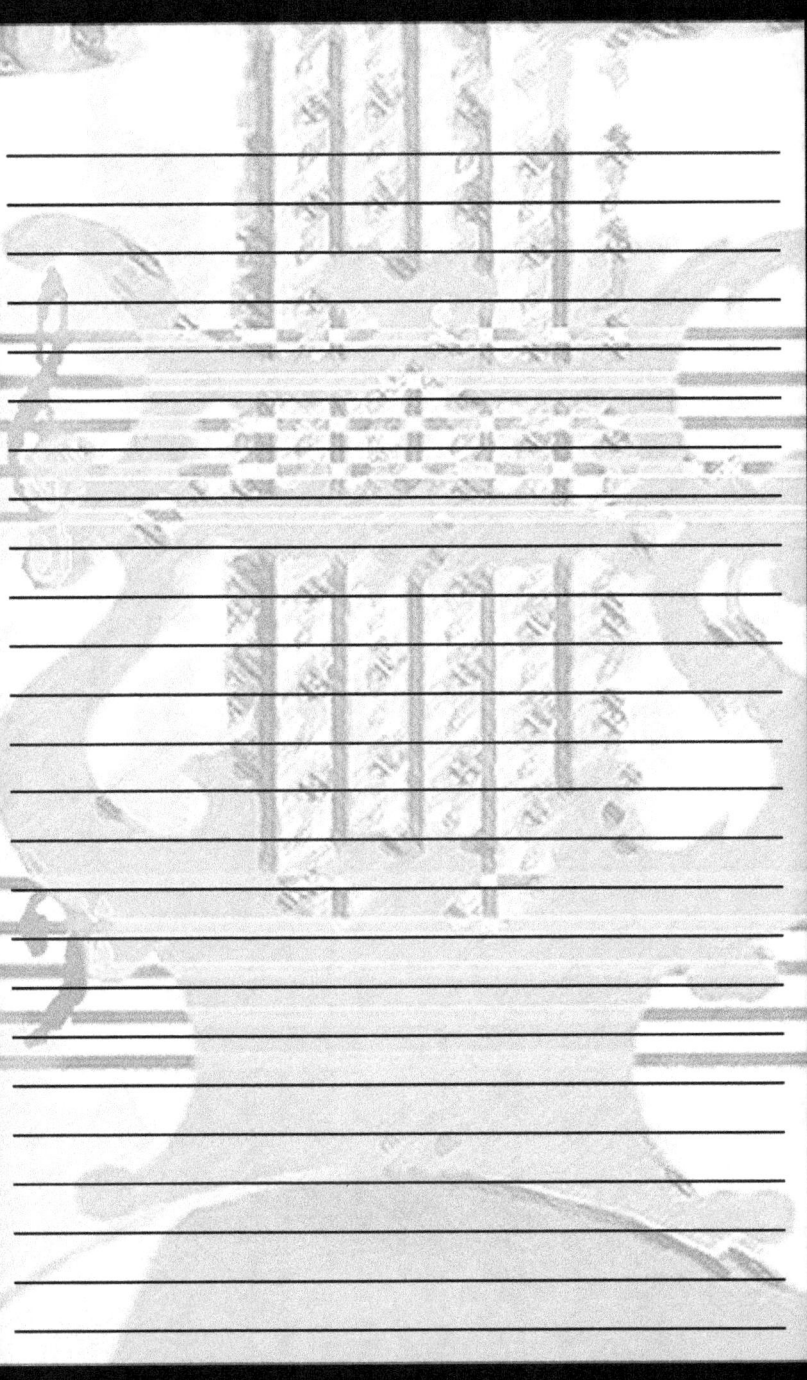

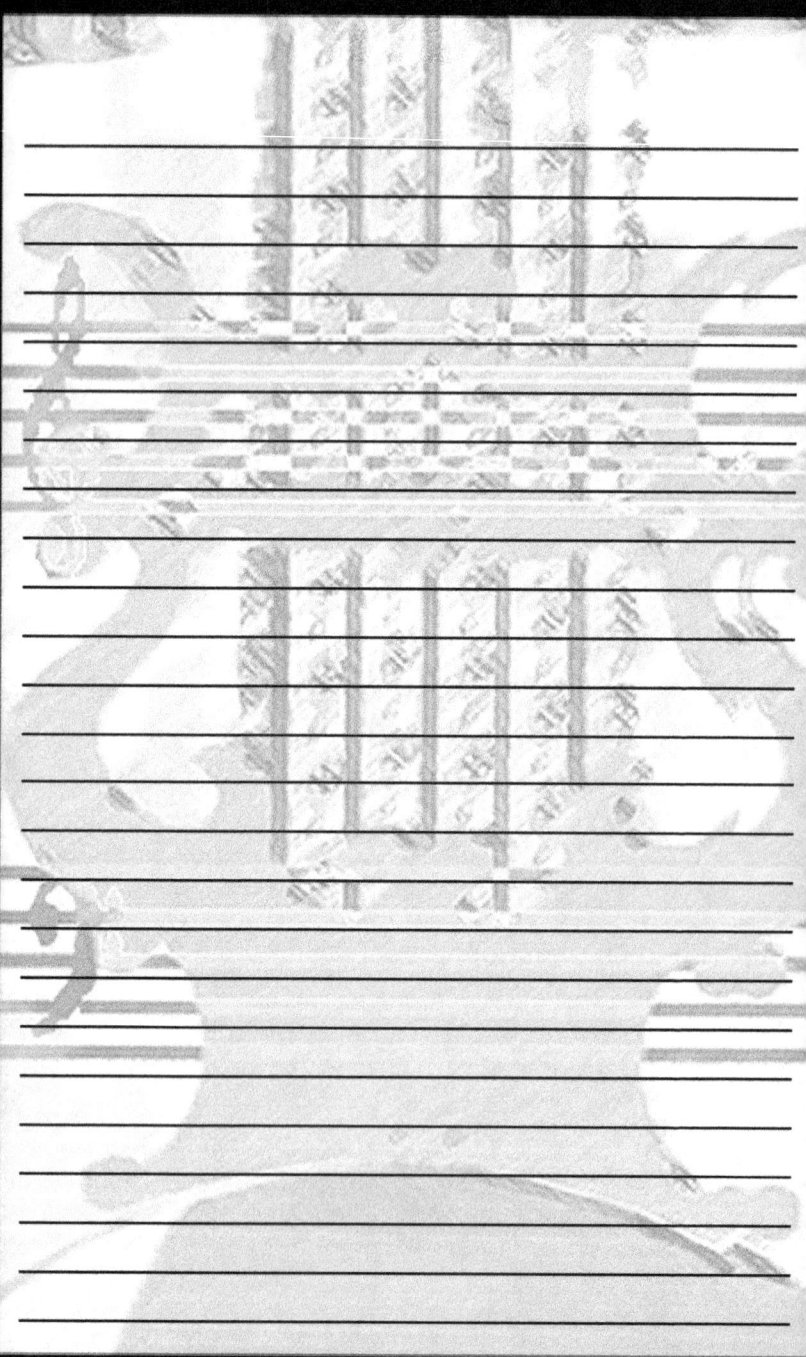

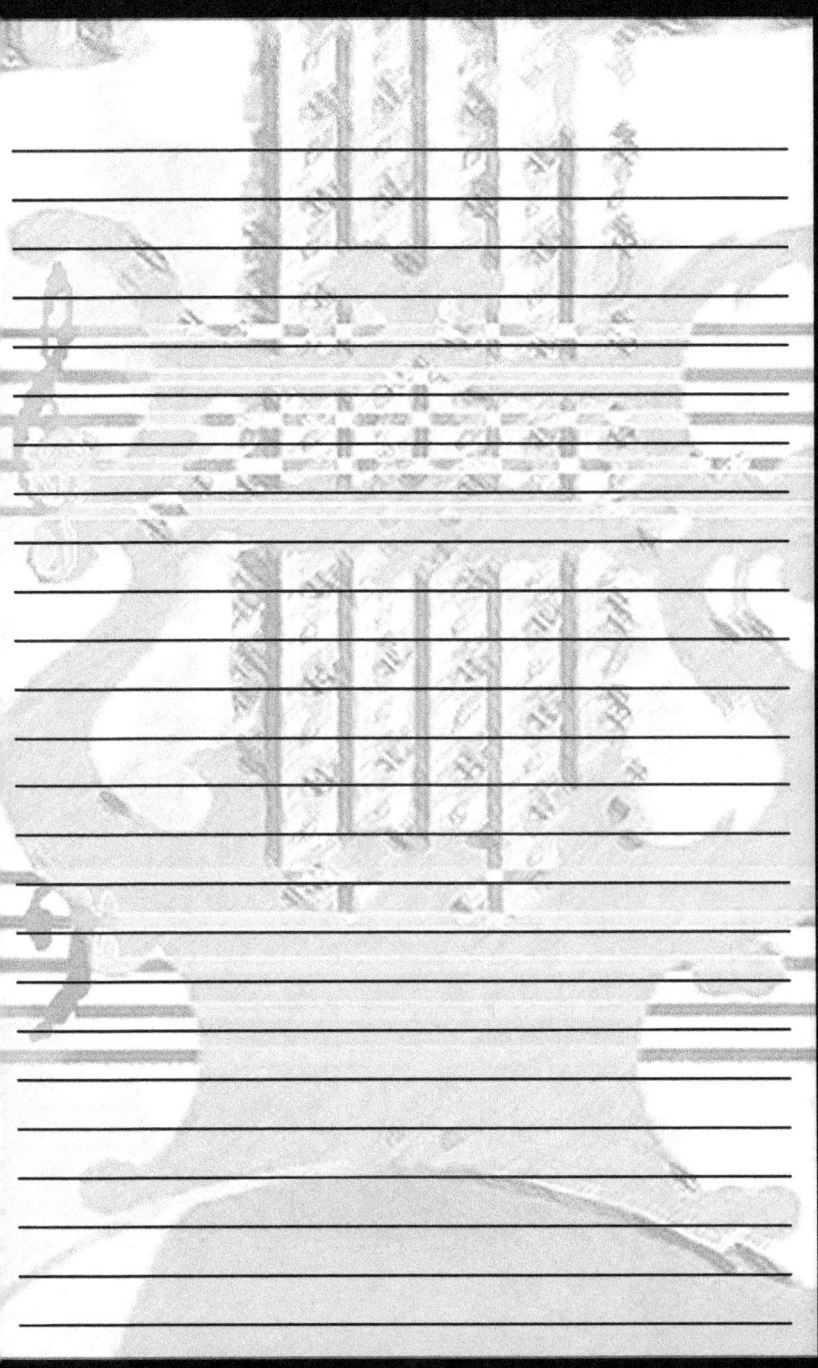

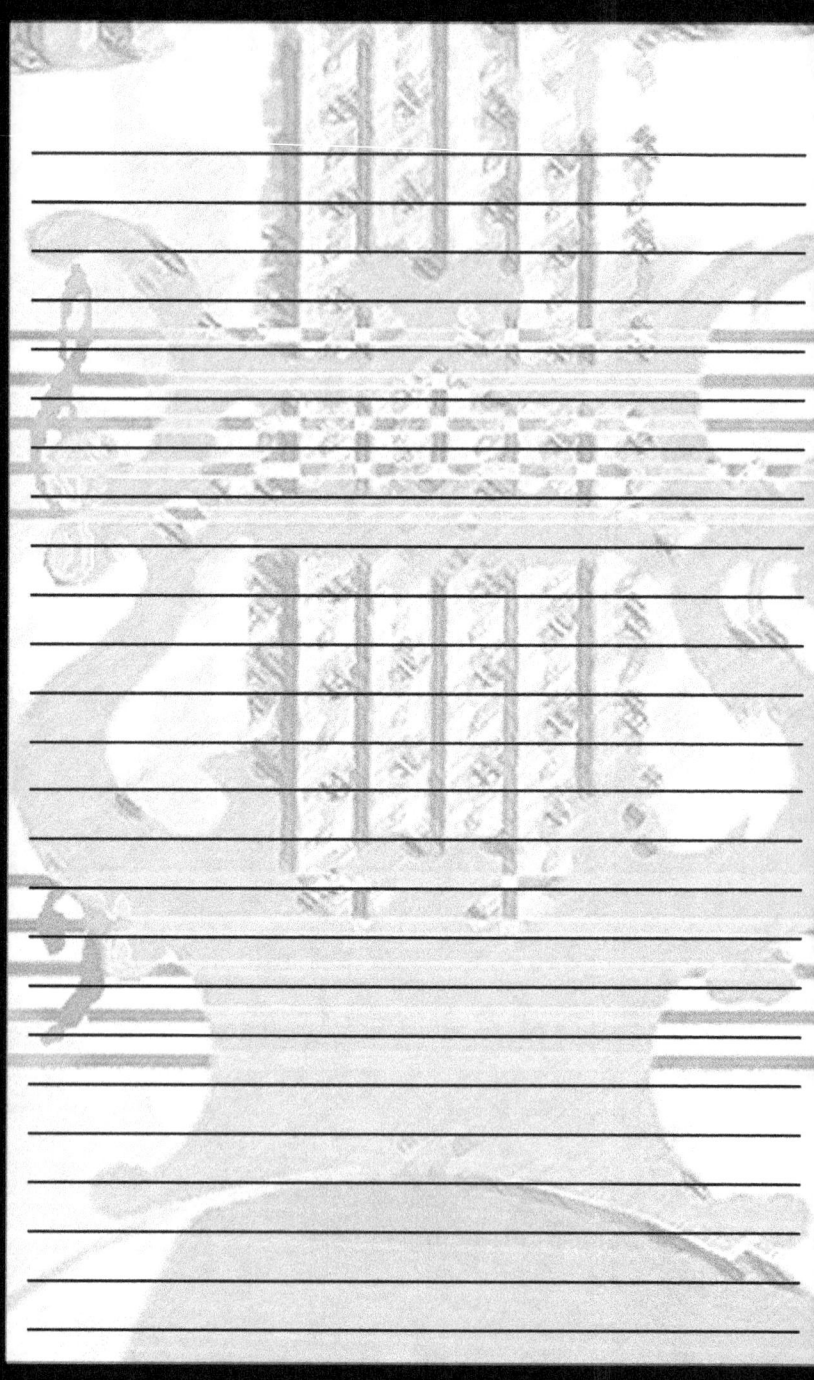

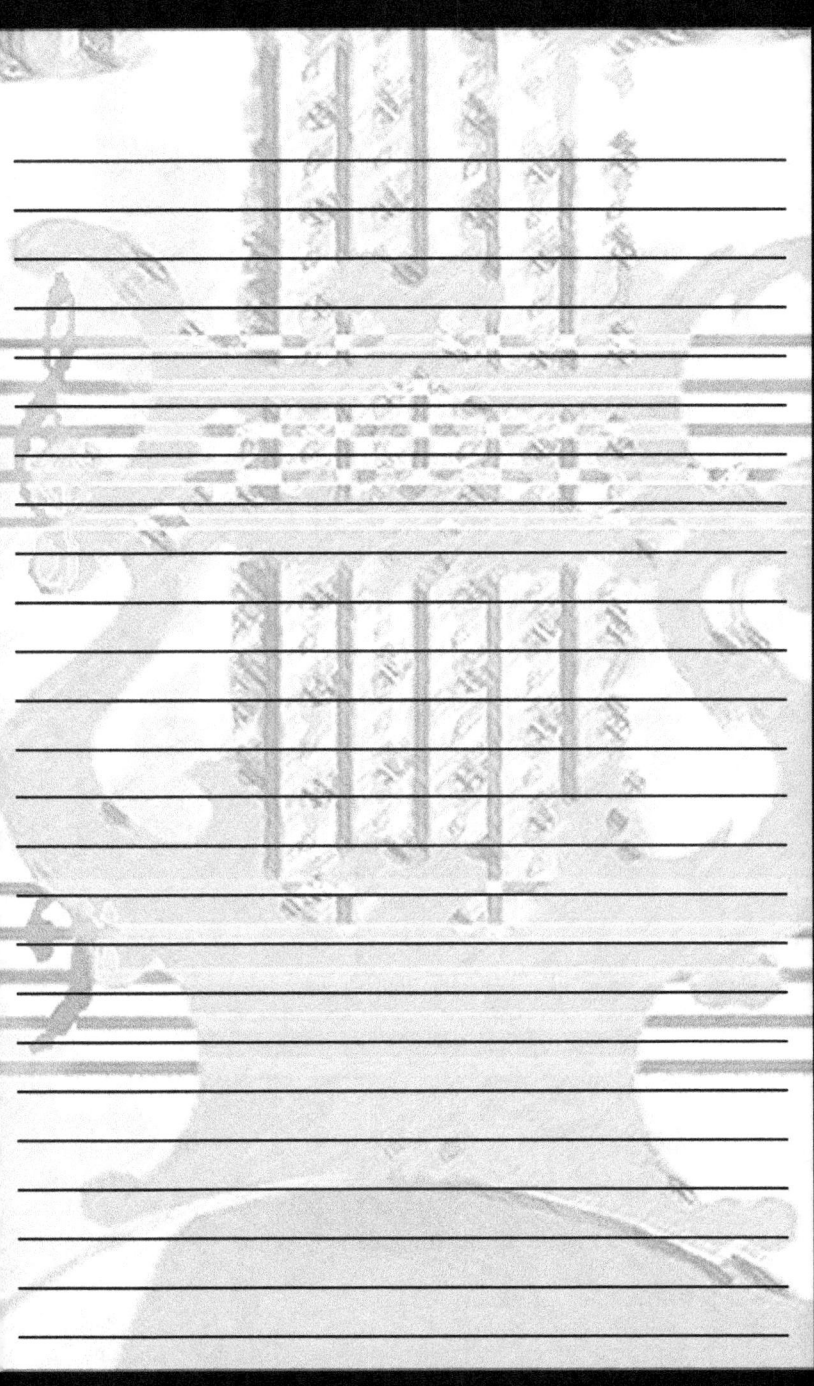

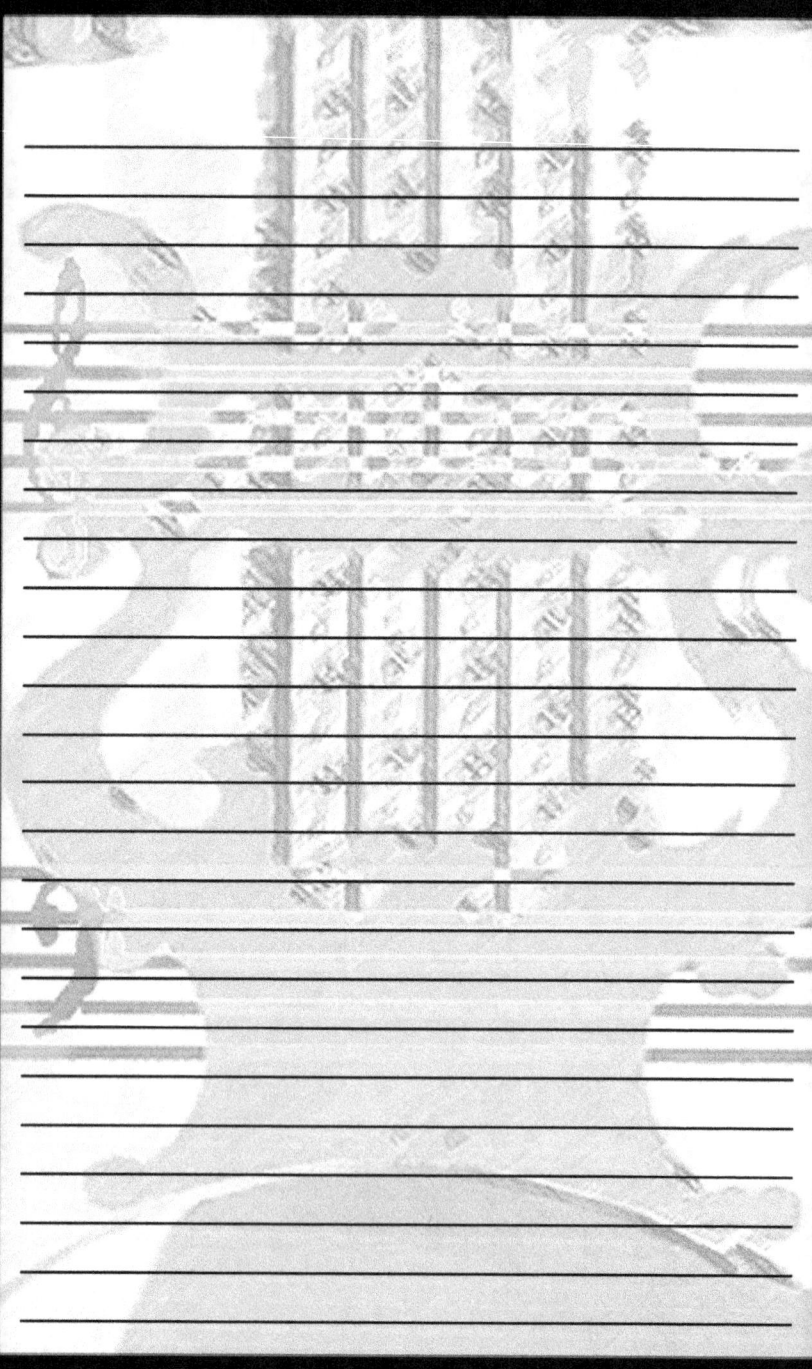

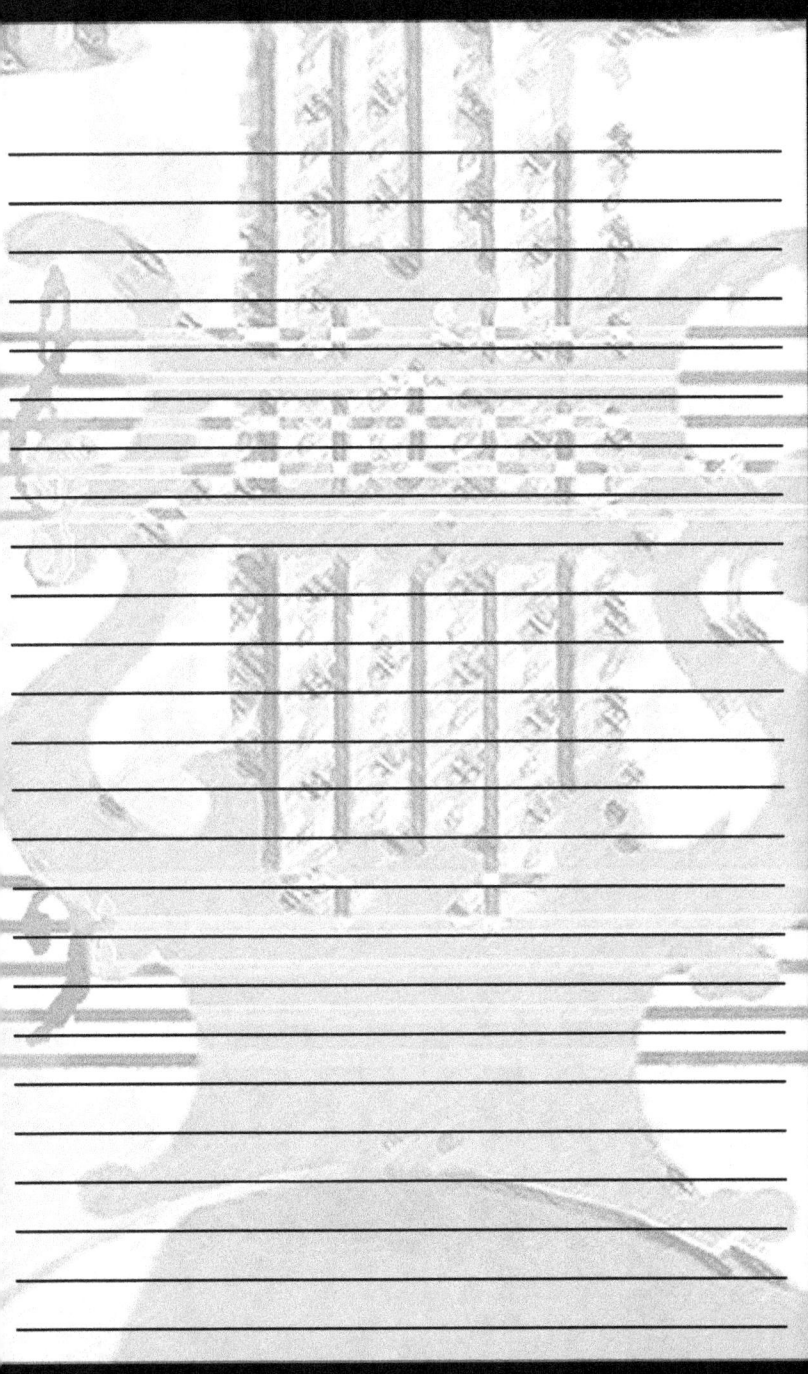

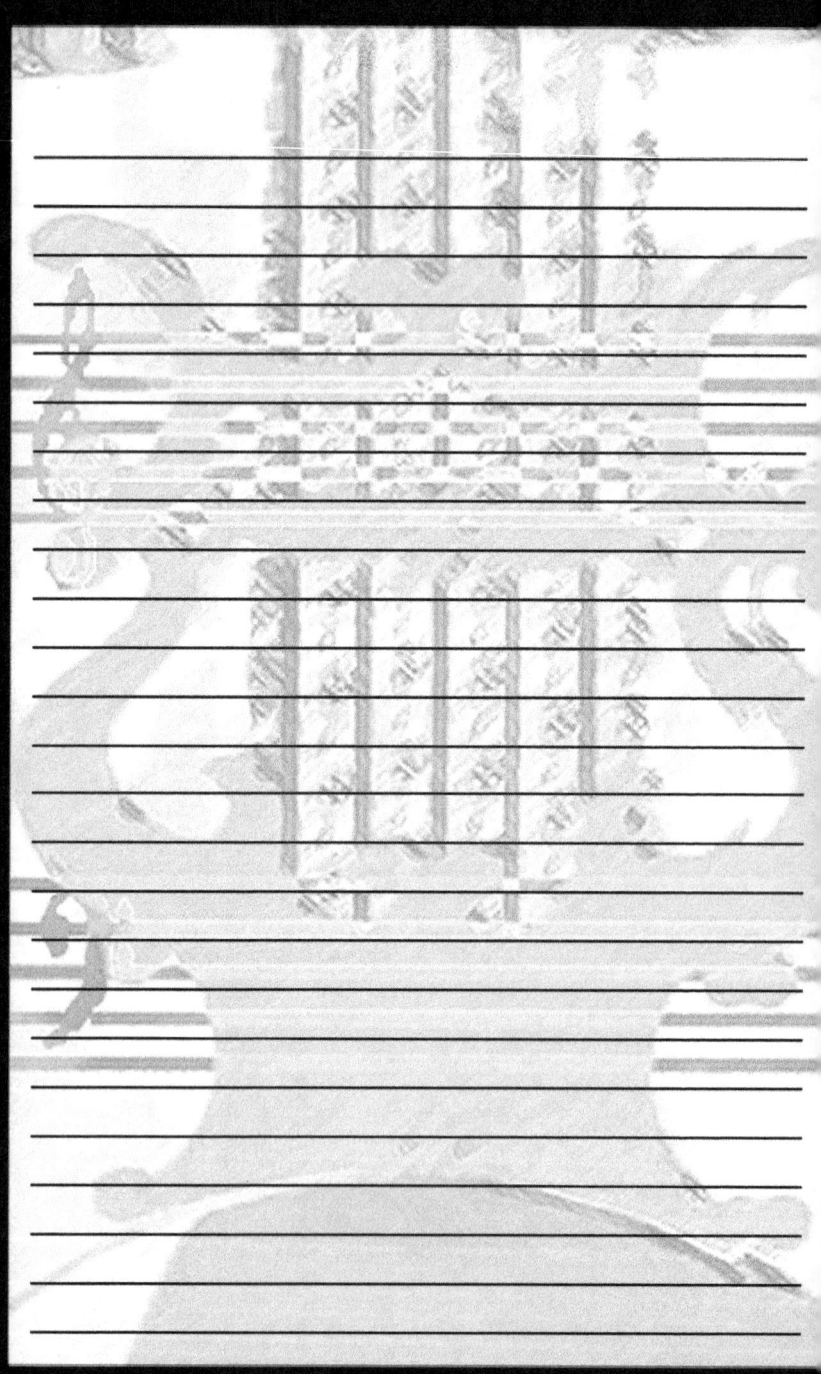

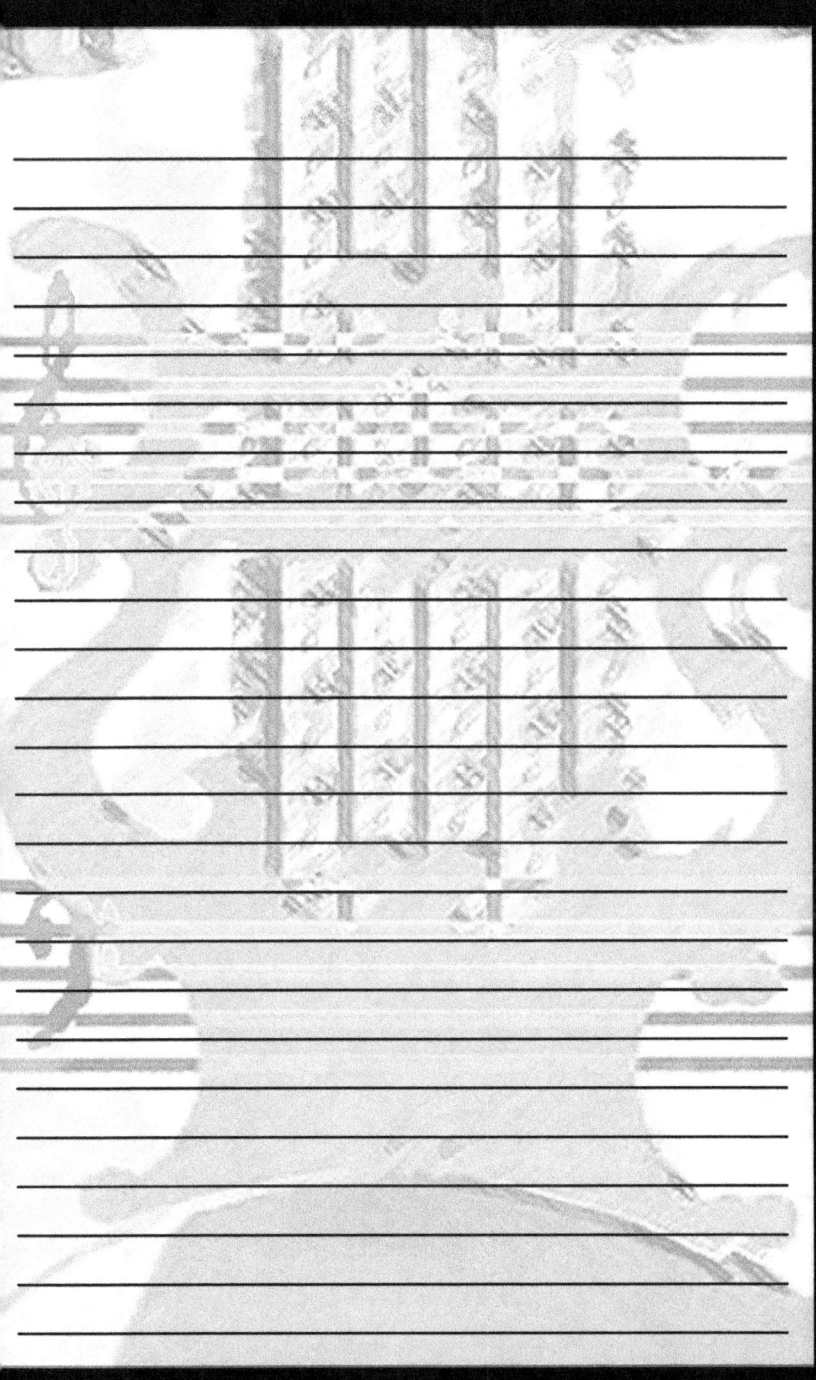

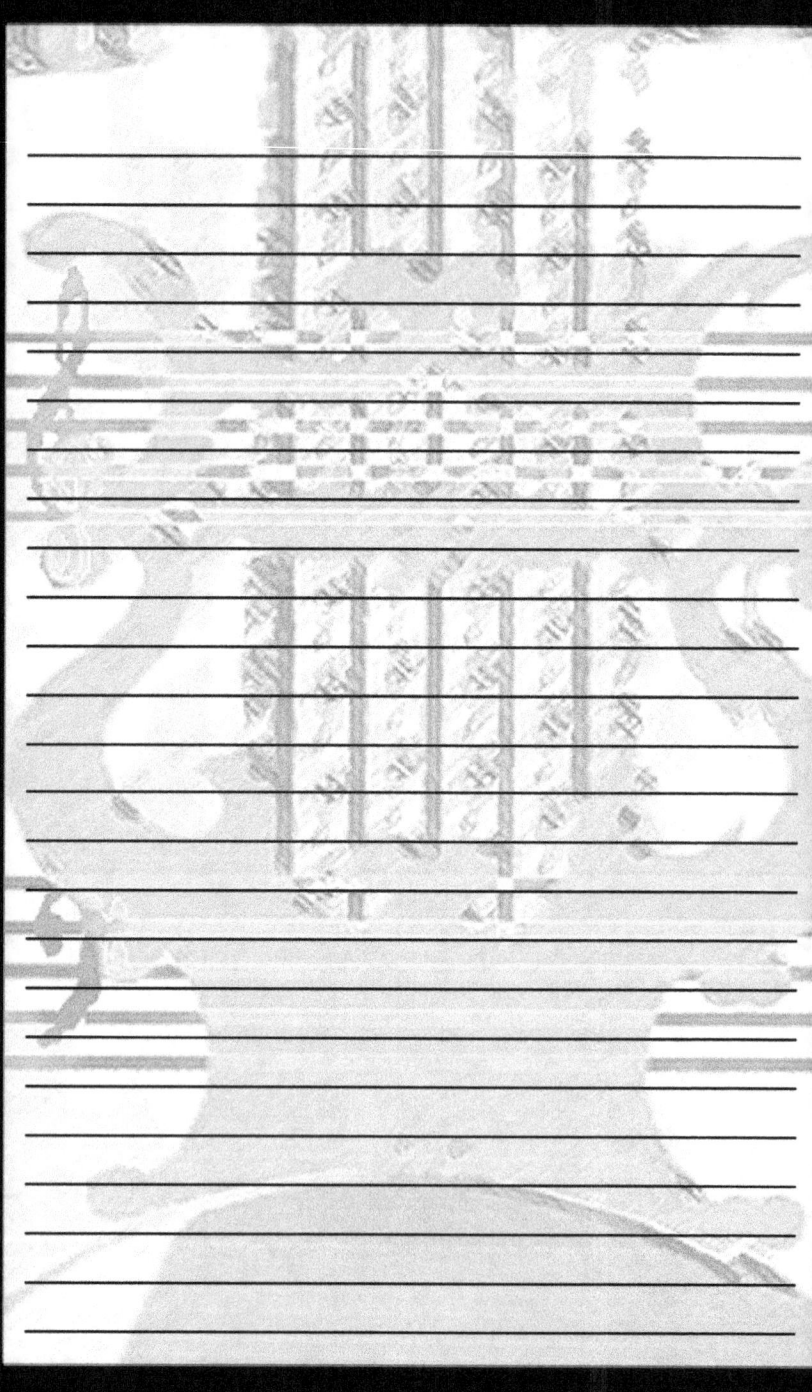

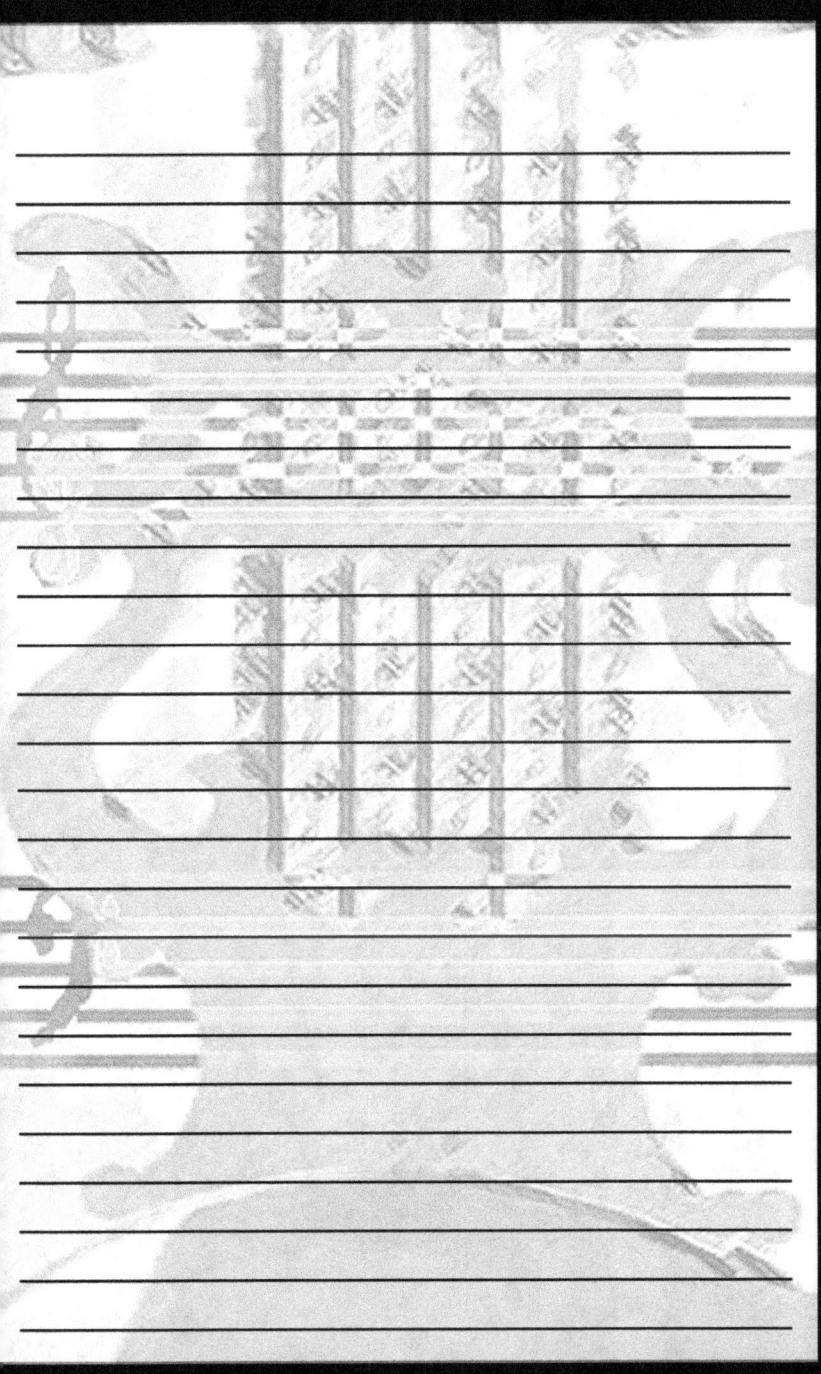

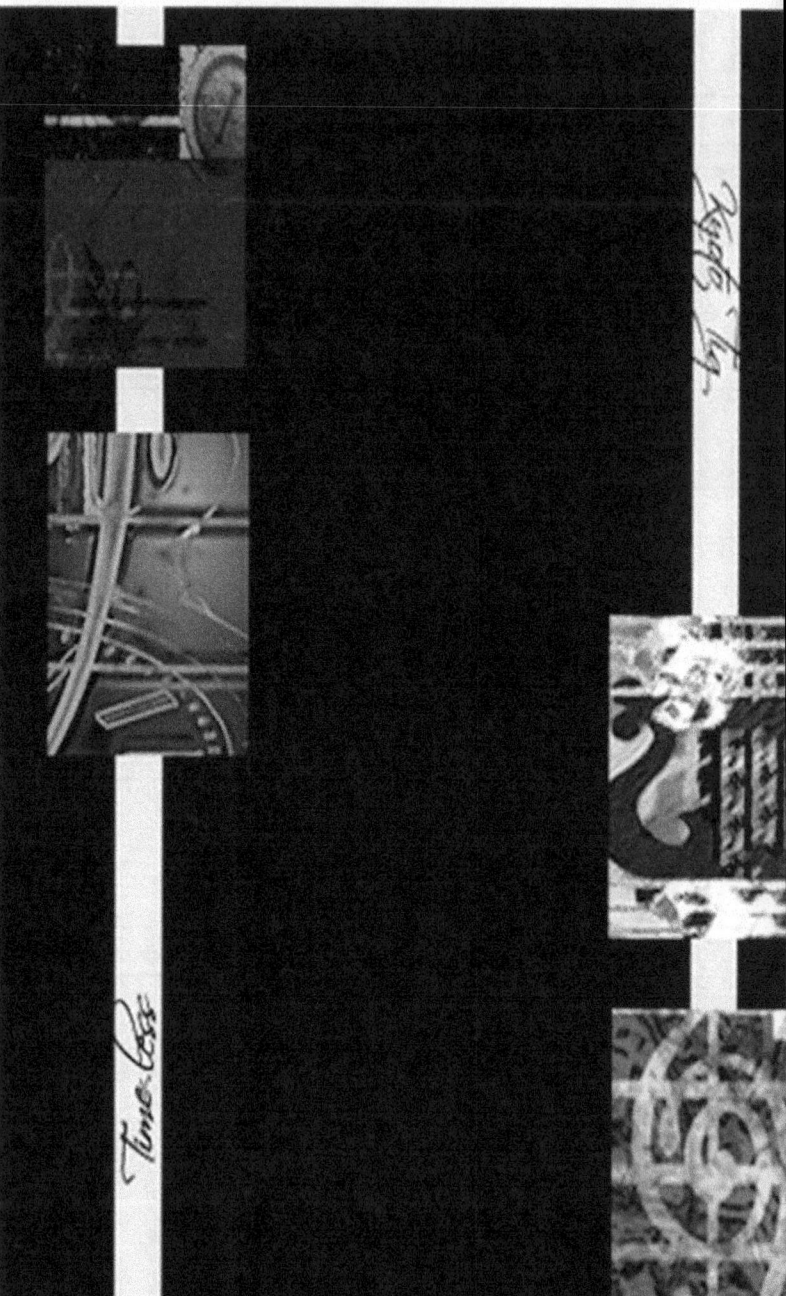